EXPOSITION UNIVERSELLE DE 1867, A PARIS.

RAPPORTS

DE LA

COMMISSION DÉPARTEMENTALE

DÉLÉGUÉE

POUR LA VISITE ET L'ÉTUDE DE CETTE EXHIBITION.

TOULOUSE

IMPRIMERIE DE BONNAL ET GIBRAC,
RUE SAINT-ROME, 44.

1868.

EXPOSITION UNIVERSELLE DE 1867, A PARIS.

RAPPORTS

DE LA

COMMISSION DÉPARTEMENTALE

DÉLÉGUÉE

POUR LA VISITE ET L'ÉTUDE DE CETTE EXHIBITION.

TOULOUSE
IMPRIMERIE DE BONNAL ET GIBRAC,
RUE SAINT-ROME, 44.

1868.

EXPOSITION UNIVERSELLE DE 1867, A PARIS.

ARRÊTÉ PRÉFECTORAL.

LE PRÉFET de la Haute-Garonne,

Vu les arrêtés préfectoraux des 16 juillet et 30 octobre 1855, portant institution d'une Commission départementale à l'effet d'étudier l'Exposition universelle, ouverte à cette époque à Paris, en vue de faire bénéficier le département des améliorations et innovations industrielles, artistiques et agricoles ;

Vu les rapports faits par les membres de cette Commission ;

Considérant qu'il est d'un haut intérêt pour le département de faire continuer en 1867, à l'occasion de l'Exposition universelle ouverte en ce moment, les études commencées en 1855, afin que les progrès réalisés puissent être signalés et mis à profit dans la Haute-Garonne ;

ARRÊTE :

ART. 1er. Une Commission départementale est instituée à l'effet d'étudier l'Exposition universelle en ce qui concerne les améliorations et innovations industrielles, artistiques et agricoles réalisables dans la Haute-Garonne.

Art. 2. Sont nommés membres de cette Commission :

MM. Bary, membre de la chambre de Commerce (1);

Garipuy, conservateur du Musée;

Noulet, membre de la Société d'agriculture et de l'Académie des sciences;

de Papus, membre de la Société d'agriculture;

de Planet, membre de l'Académie des sciences et de la chambre de Commerce.

Art. 3. La Commission choisira dans son sein un président et un secrétaire; elle règlera tout ce qui concerne l'organisation et la direction de ses travaux dont elle consignera le résultat dans un rapport développé qui sera remis au Préfet.

Art. 4. Une somme de 5,000 fr. fournie moitié par le département et moitié par la ville de Toulouse, sera affectée aux dépenses de cette Commission et aux frais d'impression de son rapport au nombre de 1,000 exemplaires.

Art. 5. Copie du présent arrêté sera adressée à chacun des membres de la Commission.

Toulouse, le 12 juillet 1867.

Signé : DULIMBERT.

Pour copie conforme :

Le Conseiller de préfecture,

Ch. Dupau.

(1) M. Bary, empêché, n'a pu prendre part aux travaux de la Commission.

Extrait du Rapport de M. le baron DULIMBERT, préfet de la Haute-Garonne au Conseil général en 1867.

Par une délibération du 4 septembre 1855, le Conseil général mit à la disposition d'un de mes prédécesseurs un crédit de 2,500 fr. pour, avec une pareille somme votée par le Conseil municipal de Toulouse, parer aux frais d'envoi à Paris d'une Commission de cinq membres, chargée d'étudier l'Exposition universelle en ce qui concernait les améliorations et innovations industrielles, artistiques et agricoles réalisables dans la Haute-Garonne. Les procès-verbaux de vos séances, en 1856, contiennent l'expression des sentiments de haute satisfaction inspirés à votre Commission par la lecture des rapports de ces délégués.

L'Exposition universelle de 1867 mettant en relief les progrès accomplis depuis douze ans dans toutes les branches de l'activité humaine, sur tous les sujets soumis au génie des peuples, il y avait un intérêt évident à faire continuer l'étude commencée en 1855. J'aurais dû vous adresser des propositions dans mon rapport de 1866, et le silence gardé à ce sujet est dû à un simple oubli que je viens réparer. La clôture de cette grande exhibition annoncée comme prochaine ne m'a pas permis d'attendre votre session pour prendre des mesures. Sur ma demande, la ville de Toulouse a consenti non-seulement à accepter à sa charge la moitié de la somme nécessaire (2,500 fr. sur 5,000 fr.), mais encore à faire l'avance de l'autre moitié, afin que la Commission eût le crédit total à sa disposition dès à présent, sans avoir à subir les retards qu'imposent les règlements administratifs d'après lesquels la somme que vous aurez admise au budget de 1868 ne sera disponible que l'année prochaine.

Avec les délibérations municipales des 11 avril et 6 mai 1867, je vous communique l'arrêté que j'ai pris le 12 juillet dernier pour instituer la Commission départementale, et j'ai l'honneur de vous proposer le vote d'une somme de 2,500 fr., représentant la part du département dans la dépense dont il s'agit.

Dans sa séance du 27 août 1867, le Conseil général vota le crédit de 2,500 fr. à la charge du budget départemental.

Extrait du Rapport de M. le baron DULIMBERT, préfet de la Haute-Garonne, au Conseil général en 1868.

La Commission chargée de la visite et de l'étude de l'Exposition universelle de 1867, au point de vue des intérêts artistiques, industriels et agricoles de la Haute-Garonne, s'est acquittée de sa mission avec un zèle auquel il y a lieu de rendre hommage. Chacun des membres a rédigé le rapport qui lui était spécialement confié. Ces rapports sont déposés sur votre bureau; ils seront prochainement livrés à l'impression et chacun de vous en recevra un exemplaire. Le crédit de 2,500 fr. voté l'année dernière est suffisant, tant pour indemniser les membres de la Commission de leurs frais de déplacement que pour parer aux dépenses d'impression de leurs rapports.

Extrait du procès-verbal de la séance du Conseil général de la Haute-Garonne, en date du 28 août 1868.

M. Lasvignes rend compte des rapports faits par MM. Garipuy, Noulet, de Papus et de Planet, commissaires délégués pour la visite de l'Exposition universelle. Le premier a traité des beaux-arts ; le second, des machines et de l'outillage agricoles ; le troisième, des produits ruraux, et le quatrième, de l'industrie et des machines industrielles. Chacun d'eux s'est acquitté de son mandat avec le soin et le succès qu'on pouvait attendre de juges aussi compétents ; l'impression de leurs rapports fera connaître leurs appréciations et les résultats de leurs études, ainsi que la part qui revient à la Haute-Garonne dans les récompenses décernées aux lauréats de cette exhibition.

BEAUX-ARTS.

Rapport de M. GARIPUY,

CONSERVATEUR DU MUSÉE DE TOULOUSE.

I.

L'art est une des plus anciennes illustrations de Toulouse, qui l'a toujours tenu en honneur et protégé. Aucune ville de province avant elle en France n'a eu une Ecole d'art et un Musée.

Les peintres Pader et Jean Troy eurent, les premiers, l'honneur d'organiser ici l'enseignement artistique sous Louis XV. Cet enseignement fut institué en Académie royale des Beaux-Arts.

Quant au Musée, la date de son origine se confond avec celle de la plupart des musées de province. En 1793, une galerie fut formée dans l'église des Augustins, qui prit le nom de *Muséum de la République*. Les œuvres d'art nombreuses que possédait le pays en fournirent le fond. Ce n'étaient point comme ailleurs des œuvres étrangères. Depuis le xve siècle, assez d'artistes avaient successivement illustré Toulouse, pour qu'elle n'eût en quelque sorte qu'à réunir pieusement l'héritage de ses propres enfants, et les éléments de sa propre histoire artistique. Nulle part, on peut le dire, un Musée ne trouvait une telle raison d'être dans la France centralisée. Des artistes inconnus du xve siècle, dont les peintures sont à peine visibles sur les murs de nos anciennes églises, à Joseph Roques, premier maître de Ingres et le dernier de nos maîtres, mort en 1847, une suite ininterrompue de peintres, d'architectes, de sculpteurs, nés ou élevés dans nos murs, ayant bâti, décoré, sculpté nos églises, nos hôtels, nos maisons, avaient pris soin de fournir amplement, pour nos collections, des matériaux indigènes. C'étaient les fruits du sol que nos pères ont recueillis, et qu'ils ont groupés dans cet édifice unique des

Augustins, l'un des restes les plus colorés de notre architecture du moyen âge. Les libéralités de l'Etat en 1803 et en 1812, à la suite de nos conquêtes, les dons des divers gouvernements depuis cette époque ont pu compléter notre Musée; mais, ce qui établit toujours son importance distinctive, c'est le nombre, la suite et le caractère des œuvres locales, tout ce qui constitue en un mot une tradition continuée à travers les temps et les changements des temps. Pas de lacune dans cette remarquable culture artistique avant la Révolution; pas de lacune depuis. Chaque siècle a laissé ses souvenirs dans le passé; et, dans le présent, si le sillon tracé par vos peintres, vos sculpteurs, vos architectes, ne porte pas en tête le nom inscrit de ce qu'on appelle un Maître, c'est que le temps n'est pas aux maîtres, ici plus qu'ailleurs. Mais les succès incessants de votre Ecole des Beaux-Arts, que nous avons pris soin de constater, vous montreront le talent répandu encore avec profusion parmi les artistes que cette Ecole a formés, et vous feront peut-être pressentir l'avènement de succès encore plus décisifs.

Un Musée formé d'œuvres locales, une tradition d'art toujours vivante dans une Ecole des Beaux-Arts, signalée chaque année par un nombre toujours croissant de couronnes à Paris ou à Rome, le caractère municipal de cette Ecole et les habitudes anciennes de patronage qui en résultent dans le Conseil de la ville, tels sont sans doute les motifs qui ont fait adjoindre par l'Administration actuelle un délégué des Beaux-Arts aux autres délégués à l'Exposition universelle. En portant son choix sur celui des professeurs de l'Ecole des Beaux-Arts qui était aussi Conservateur du Musée, elle a dû se demander si, d'un fait aussi capital que cette grande revue de l'art européen, il n'était pas possible de retirer quelque fruit, soit pour le perfectionnement de notre Ecole, soit pour le complément ou la réforme de notre Musée. Fidèle aux traditions locales, elle manifestait ainsi l'intérêt qu'elle attache aux deux principaux établissements artistiques de notre cité.

Nous avons donc pensé que la tâche difficile qui nous était échue nous obligeait à diriger notre étude d'abord sur l'état général des Beaux-Arts en France et en Europe, tel qu'il s'est manifesté à l'Exposition universelle, sur les exhibitions des autres écoles ou instituts des Beaux-Arts, et enfin sur les progrès que peut avoir faits la connaissance des meilleures conditions d'établissement, de vue, de santé, des statues et des tableaux, depuis que l'usage s'est établi de les concentrer dans des établissements publics.

II.

COUP D'ŒIL GÉNÉRAL SUR LES ÉCOLES D'ART CONTEMPORAINES.

Cette revue de l'Exposition universelle de 1867 sera nécessairement rapide. Depuis la fusion définitive des provinces dans la centralisation, l'art a suivi le mouvement de concentration imprimé à toutes les facultés de la nation française. C'est à Paris qu'il a manifesté sa vie principale et son activité féconde. Qu'a-t-il été là à partir de 1789?

L'art français était tombé dans la décoration d'abord, puis dans la manière. Il tournait le dos à la grandeur, lorsque David, avec une vigueur révolutionnaire, le remit dans les grandes voies. L'antique et la nature furent ses guides. Il a laissé sur ses œuvres une empreinte de raideur trop académique. Pour un rénovateur, il est loin de paraître toujours original. Sa valeur d'influence de direction reste aujourd'hui supérieure à son œuvre même, et il est assurément plus grand chef d'école que grand maître. Ce n'est point une petite gloire d'ailleurs que d'avoir été le maître de Gérard, Girodet, Guérin, Gros, Ingres. Dans une voie plus délicate, avec moins d'exactitude, mais avec plus d'inspiration et de nouveauté, Prud'hon ramenait aussi le goût public au sentiment du grand art et de l'élégance. Il fut le poète parfois complet de cette rénovation, avec une sensibilité en face de la nature et du paysage que David n'avait point eue, que Girodet et Guérin avaient cotoyée quelquefois. Grâce à cette pléiade de grands talents, la vie artistique arrive en France à ce point d'excitation qui rendit possible le grand mouvement de 1828, d'où sortirent Géricault, Delacroix, le plus grand coloriste comme le plus dramatique créateur de notre Ecole, Decamps et toute la légion brillante, jeune, vivace des paysagistes contemporains.

La première Exposition universelle, celle de 1855, nous montra, dans toute leur splendeur, les productions des deux groupes qui venaient d'illustrer dans notre pays les trente dernières années La supériorité de la France ne fut contestée par personne. Les œuvres capitales de tous nos peintres contemporains s'y trouvaient réunies. Le nombre des tableaux était assez grand pour permettre de séparer, dans des salons particuliers, l'œuvre de chaque maître. Cet isolement et l'harmonie générale qui en résulta, contribuèrent à mettre en lumière toute leur valeur. Pareil système de classement n'a pu, à ce qu'il paraît, être adopté en 1867. Les exigences croissantes et l'envahissement de l'industrie ont réduit la place laissée aux Beaux-Arts. Dans cette mêlée du travail du monde entier, la proportion exacte des choses n'eût point été fidèlement observée si la production industrielle n'eût occupé plus d'étendue que les œuvres de la sculpture et de la peinture. Depuis 1850, c'est l'industrie qui a gagné du terrain; les beaux-arts en ont perdu.

La mort a fait de grands vides dans un état-major qu'on ne verra plus de sitôt, ni si nombreux, ni si varié, ni si éclatant. Il est certain que Decamps, Troyon, Delacroix, Flandrin, Brascassat, Heim, Ary Scheffer, Delaroche, Horace Vernet, Ingres, David d'Angers, Rude, nous montrent ce vide irréparé et de longtemps irréparable. Mais ce n'est pas encore là tout ce qui diminue l'intérêt de l'Ecole française à l'Exposition de 1867. Parmi les notabilités qui figuraient à l'Exposition de 1855, plusieurs sont absentes cette fois: Baudry, Barye, Chenavard, Ricard n'ont pas exposé cette année. Enfin, ce ne sont point seulement les grands hommes qui ont disparu ou qui se sont abstenus, ce sont les œuvres qui ont baissé. Invention, exécution, importance et choix des sujets, tout accuse le sommeil des imaginations. La grande histoire ne tente plus personne. S'il y a encore des toiles immenses, on se demande pourquoi l'artiste ne les a point réduites. Une inspiration insuffisante, le goût du bizarre d'un côté, de l'autre la recherche malsaine d'un réalisme mal entendu. La peinture, qui s'applique à reproduire les sujets historiques les plus dramatiques et les plus poétiques, n'intéresse plus le public contemporain; on le contente à moindre frais. Mais ceux qui ont vécu il y a trente ans, et qui ont visité les expositions de cette époque, ne trouvent plus leur compte à cette diminution de l'art et du goût public. Cette éclipse de notre génie artistique sera-t-elle de longue durée? Cette renonciation aux jouissances vraiment élevées de l'art est-elle définitive? Une chose surtout fait espérer le contraire : c'est l'unanimité et la chaleur des plaintes que suscite la décadence actuelle, parmi les critiques autorisés et les gens de goût.

Si nous sommes inférieurs à nous-mêmes, nous restons cependant encore les premiers en Europe; et c'est à l'Ecole française que la majorité des peintres et sculpteurs étrangers vient encore demander des leçons. La supériorité des expositions de la Bavière, de la Hollande, de la Belgique, de la Suisse, n'a fait illusion à personne, et nos concurrents ont été les premiers à nous rendre hommage. Comme il arrive presque toujours dans notre pays, ce sont les Français qui se sont montrés les plus sévères envers la France.

Loin de nous d'ailleurs la pensée de méconnaître le nombre et la variété des talents dans cette Exposition de 1867. MM. Pils, Cabanel, Yvon, Robert-Fleury, Gérome, poursuivent, dans les grands sujets officiels ou historiques, la recherche de la grande peinture. M. Breton en peignant les paysannes de l'Artois, rencontre parfois le style, et retient toujours les faveurs du public. Fidèle à l'Orient ouvert par Decamps et Marilhat à la curiosité contemporaine, M. Fromentin nous peint, d'une touche spirituelle, les sites pittoresques et les types variés des différentes races de l'Orient. Un nouveau venu, M. Bonnat, attire la foule autour de ses petits tableaux par l'intérêt du faire et de la couleur, et les artistes devant sa grande toile, *Saint Vincent de Paule prenant la place d'un prisonnier*, par la sincérité inaccoutumée de l'impression.

Les peintres de talent, qui choisissent leurs sujets dans des données plus simples et moins exigeantes, sont nombreux à l'Exposition de 1867. Mettons en première ligne M. Millet qui marque ses toiles d'une rare empreinte de simplicité rustique et déploie dans cet ordre de composition des qualités de premier ordre. Le paysan qu'il affectionne ne pouvait trouver un interprète plus intelligent, plus sérieusement poétique, un plus fin observateur. Il nous communique avec sûreté son impression, tant l'attitude, le mouvement, l'expression, sont justes dans leur naïveté. Personne ne nous avait encore initiés par une vérité aussi satisfaisante à la rude et mélancolique condition des humbles travailleurs des champs.

Quoique faisant beaucoup plus de bruit que M. Millet, maître Courbet est loin de posséder ses qualités intimes. Les sujets qu'il traite en dehors du paysage et des animaux impressionnent rarement. Ses types d'hommes et de femmes ont des allures triviales et communes ; son dessin est incorrect. Il rachète d'ailleurs ces défauts par une puissance et une richesse de ton qui le classe dans les tempéraments vigoureux de coloristes.

Le succès extraordinaire des quatorze tableaux de M. Meissonnier nous oblige à nous arrêter davantage devant les œuvres de ce peintre. Les différentes têtes historiques qu'il a représentées se distinguent à peine, malgré la précision de l'allure et du geste, tant les dimensions des toiles et des personnages sont microscopiques. Est-ce donc un mérite de faire si petit ? Le grand bruit fait par les gens du monde autour de ces miniatures pourrait bien le faire croire. On est surpris, d'ailleurs, en étudiant ces toiles de trouver, à travers tant de soins minutieux, des défauts graves comme le manque d'aplomb dans les figures debout (voir le tableau du *Général Desaix à l'armée de Rhin et Moselle*) ; le point de vue pris trop haut, comme dans le tableau de l'*Ordonnance*. Si les objets étaient grossis, de telles fautes rendraient ces tableaux tellement défectueux que leurs autres mérites disparaîtraient aux yeux même du vulgaire. On pourrait leur reprocher encore le manque de variété dans le tempérament des hommes que ce peintre veut reproduire. Lymphatiques, bilieux, sanguins, nerveux, tous ont les mêmes tons de chair. Pour un observateur qui se pique à ce point d'exactitude, un semblable défaut d'observation nous a paru digne d'être noté. C'est moins dans les tableaux à grand nombre de personnages que dans les sujets très simples, c'est surtout dans les données des petits maîtres flamands qu'il faut rechercher et admirer les rares qualités et la supériorité d'exécution de M. Meissonnier.

Enfin, gardons-nous d'oublier les beaux dessins de notre compatriote, M. Bida. L'Exposition de 1867 nous a fourni la bonne fortune de revoir *le Massacre des Mamelucks* et *le Mur de Salomon* qui resteront comme les plus complètes de ses œuvres, celles où l'inspiration de l'artiste s'est unie le plus heureusement avec le vif sentiment des sujets orientaux, si fort dans le goût du temps présent.

La grande École française de paysage est dignement représentée au Champ-de-Mars. Ici, nulle défaillance ; du mouvement, de la vie, de l'ardeur ; l'abondance des noms et l'abondance des œuvres. Les soldats même mériteraient d'être nommés dans ce corps d'élite. Mais une revue aussi succincte ne laisse de place que pour le nom des chefs. MM. Rousseau, Corot, d'Aubigny, Courbet, restent les maîtres du paysage. Nous avons retrouvé également avec intérêt, à l'Exposition, les toiles de M. Jules Dupré, l'un des initiateurs de notre école. Dépassé par ses successeurs, il n'en conserve pas moins le mérite de leur avoir ouvert le chemin.

Bien que les sculpteurs fassent de louables efforts pour se maintenir sur les hauteurs et se montrent en cela plus fidèles que les peintres à la tradition du grand art, le Salon universel de 1867 ne saurait faire oublier 1855. Ici, encore, il faut commencer par des regrets et des hommages rendus à des morts, à de grands morts, Rude, David d'Angers, Duret ; par des regrets aussi adressés aux absents, Barye, Préault, etc... Quelques noms nouveaux s'affirment pourtant avec talent et se partagent des qualités d'exécution et de conception que l'on voudrait voir réunies sur une seule tête pour former un grand maître. MM. Perrault, Carpeaux, Carrier, Cavelier, Guillaume, Dubois, Cranck, Gumery, Falguières, ont justement attiré l'attention à divers titres, et le nombre des talents distingués ne manque pas plus dans la sculpture que dans la peinture française.

Il est indispensable de compléter ces renseignements d'ensemble sur le développement actuel des arts en France par quelques mots sur leur état actuel dans le reste de l'Europe.

La France, occupant la première place par le grand nombre et le mérite de ses œuvres, nous ne ferons d'ailleurs que signaler les principaux artistes étrangers. La Belgique nous semble se classer immédiatement après nous. La majeure partie de ses peintres a fait ses études et sa réputation à Paris; la plupart y résident. M. Stevens nous montre dans des tableaux d'intérieur une exécution nette, franche, soignée; des qualités de couleur, de solidité dans l'exécution des étoffes qui rappellent et égalent souvent les anciens maîtres de son pays; — mais nulle préoccupation de style, d'élévation, de pittoresque ou de poésie, nulle expression, presque toujours un art sans souffle moral et sans portée, et une absence de vie idéale qui choque notre conception française des beaux-arts. M. Willems accuse plus de goût, pour des sujets humains, expressifs, pour la lumière calme du foyer domestique, mais il n'a ni le même relief, ni la même exactitude du dessin. L'un et l'autre étouffent l'homme sous les accessoires, les détails, les vêtements, le mobilier, les curiosités à la mode. M. Verlat aborde plus facilement les tableaux de grande dimension. Sa peinture est fortement empâtée et vigoureuse d'effet, portée cependant aux excès. Notre Musée possède un *Buffle attaqué par un Tigre* qui donne l'idée du tempérament de ce peintre. M. Leys, grand talent égaré dans une voie fausse de reproduction et de résurrection des anciennes peintures du xve siècle, use ses forces dans une recherche impossible. Des qualités remarquables, une rare aptitude à saisir le caractère des figures, à imaginer un personnage, un type, restent ainsi sans résultat. Avec cent fois plus de mérite qu'il n'en faut pour la tâche ingrate qu'il poursuit, M. Leys ne nous laisse le plus souvent que l'impression d'une copie.

L'Allemagne ne nous apporte plus qu'un dessin de la vieillesse de Cornelius. Les beaux cartons de 1855, *les quatre Cavaliers de l'Apocalypse* notamment, nous avaient montré sous un aspect nerveux, violent et presque sauvage le talent du maître. Il est impossible de s'en faire aujourd'hui une idée d'après le dessin du *Christ apparaissant à ses Disciples après sa résurrection*. Dans le grand carton de Kaulbach, *l'Epoque de la Réformation*, nous voyons cette École allemande classique finir, malgré le talent, comme elle devait finir, dans l'abus du philosophisme, des combinaisons historiques et littéraires. La peinture ne vit pas de raisonnements ingénieux et de systèmes; elle doit saisir par les yeux, non par des abstractions. C'est ce qu'a compris M. Menzel, peintre prussien, dont la *Bataille de Hochkirch* reproduit bien l'effet fantastique d'une rencontre nocturne. Dans une donnée moins ambitieuse, M. Ferdinand Heilbuth se montre encore bien autrement peintre. Il est, avec Knaus, la personnalité la plus remarquable parmi les Allemands. Depuis plusieurs années ce dernier a acquis une réputation méritée aux expositions de Paris avec ses sujets et scènes familières que la gravure a déjà popularisés. Citons comme types, son tableau des *Saltimbanques* et celui des *Paysans de la Vallée du Passeyer recevant une réprimande de leur Curé*. Ses sujets sont généralement bien composés; les têtes de ses personnages justes d'expression. Il n'est ni grand coloriste, ni grand dessinateur; mais sa peinture est d'un aspect agréable, son exécution habile, bien qu'un peu de sécheresse la dépare parfois, et que ses paysages manquent d'harmonie.

L'Espagne est au fond dans une voie plus saine et plus large. *Le Testament d'Isabelle la Catholique*, de M. Rosalès, le *Débarquement des Puritains dans l'Amérique du Nord*, de M. Gisbert, le *Pronunciamiento de Cadix*, exposés aux Champs-Élysées, donnent le pressentiment d'une école qui se retourne vers le bon sens, la sobriété, la simplicité de ses vieux maîtres, et qui est peut-être tout près de retrouver le secret de sa tradition nationale.

Que n'en est-il de même pour l'Italie? Là, l'art tombe de plus en plus dans la décoration banale, le métier, la spéculation, et c'est un véritable deuil pour les âmes d'artistes de signaler cette lamentable décadence.

Le Danemark, la Suède, l'Angleterre, suivent de loin le mouvement des arts européens. L'espoir généreux, fondé en 1855 sur les artistes d'outre Manche, est loin de se réaliser en 1867. — La bizarrerie a fait place au talent. Dans tous les pays que nous venons de nommer, comme aussi dans la Suisse, les paysagistes et les peintres d'animaux (et les meilleurs parmi eux), n'offrent guère que des contrefaçons de nos artistes en renom. Ceux d'entr'eux, qui se distinguent davantage vivent en général et travaillent à Paris. On doit en bonne justice les considérer comme des Français par naturalisation.

Nous avons peu de choses à dire de l'architecture. L'Exposition montre surtout des séries de restitutions de monuments antiques, et des projets de restauration, remarquables par l'exactitude de plus en plus complète de l'art architectural de toutes les époques. Dans l'architecture pratique, celle qu'on regarde sur les places, dans les rues, les conditions modernes créent des difficultés insurmontables. Comment, en effet, conserver l'aspect d'un monument à des logis qui doivent contenir, sur un espace déterminé avec parcimonie, des centaines d'êtres humains? L'entassement des étages brise toute proportion. Ce qui doit être noté, c'est la tendance générale à introduire la sculpture et la peinture dans la décoration des édifices privés. Nos villes de provinces peuvent trouver là des exemples à imiter. Toulouse, en s'engageant dans cette voie, aurait le double avantage de retrouver une tradition des grandes villes aristocratiques et parlementaires, et de donner un couronnement nécessaire à son Ecole des Beaux-Arts, un emploi utile, du travail aux artistes qu'elle a suscités et élevés.

III.

Après avoir longuement examiné l'Exposition de peinture, de sculpture et d'architecture, notre attention s'est portée avec un égal intérêt sur les collections des exercices scolaires des instituts, ou écoles des Beaux-Arts de l'Europe, ayant quelque analogie avec la nôtre et se proposant comme elle de former à la fois des artisans, des ouvriers d'art, et des artistes. Quelques-unes se trouvent dans le palais même de l'Exposition, d'autres, celle de la Bavière par exemple, dans les musées établis à l'extérieur. Notre intention avait été d'abord d'exposer avec détail le résultat d'observations distinctes, et, dans nos prévisions, c'eût été là la partie la plus développée de notre travail, mais un examen nous a convaincu de l'inutilité d'un rapport ainsi entendu. A la vue de ces nombreux essais, nous étions seulement atteint d'un regret que nous exprimons ici. Pourquoi faut-il que l'Ecole des Beaux-Arts de Toulouse, se reposant sur le succès éclatant de ses productions à l'exposition des arts appliqués à l'industrie en 1863, n'ait pas exposé en 1867? Une seule remarque établira d'ailleurs devant vous sa supériorité, à défaut d'une épreuve formelle dont l'occasion a été malheureusement perdue, — c'est le renouvellement annuel des succès obtenus par nous à l'Ecole de Paris, la première école de l'art européen, celle qui centralise les élèves des meilleurs ateliers de la capitale et des autres écoles de province. Il ne nous reste donc qu'à enregistrer en quelque sorte les couronnes obtenues par nos élèves à l'Ecole des Beaux-Arts de Paris et par nos artistes de Toulouse à l'Exposition de 1867.

L'Ecole des Beaux-Arts de Toulouse voit chaque jour augmenter le nombre des étudiants. Elle s'élève constamment par le perfectionnement apporté dans les méthodes d'enseignement. Tout a été dit sur les services qu'elle rend aux jeunes gens se destinant aux carrières industrielles; les derniers prix obtenus par les élèves des classes de peinture, sculpture et architecture, nous montrent que les organisations artistiques ne lui doivent pas moins de reconnaissance.

L'administration de la ville peut être fière des efforts qu'elle a faits en tout temps pour élever et maintenir un établissement de manifeste utilité publique. Qui ne se sentirait heureux à Toulouse de voir les jeunes pensionnaires de la ville, à peine arrivés dans la première école artistique du monde, remporter les premières places dans les concours? Ainsi, M. Cassagne, sculpteur, a eu le premier accessit du grand prix de Rome; M. Idrac, élève de seconde année, a été reçu le premier en loge pour concourir au même prix, pendant que M. Constant, peintre, élève de première année, était placé troisième à l'esquisse (composition), toujours dans la même section ; enfin M. Rixens, élève de première année, a obtenu le second prix de fin d'année, ce qui lui a valu 200 fr. de gratification.

Continuant la généreuse tradition de patronage que M. Duret exerçait sur nos élèves, M. Guillaume, directeur de l'Ecole des Beaux-Arts, vient d'exonérer du sort M. Laborde, notre pensionnaire de troisième année, afin de le mettre à même de poursuivre sa carrière sans interruption.

Voilà des preuves sans réplique de l'excellente direction de l'Ecole et de l'organisation exceptionnelle qui distingue les enfants de notre pays. Profiter de ces dispositions naturelles, encourager ces jeunes talents, ce n'est point semer dans un terrain ingrat. Les faits viennent jusqu'au bout témoigner et de la fécondité de notre sol artistique, et d'une protection éclairée.

Après les étudiants, les artistes plus avancés dans la carrière honorent la ville par leur renommée. MM. Falguières et Barthélemy, sculpteurs, l'un et l'autre élèves de notre Ecole et pensionnaires du gouvernement à Rome, ont reçu, à la suite de l'Exposition de 1867, une médaille d'or. C'est la seconde fois que M. Falguières a mérité de hautes récompenses. Tous les amateurs d'art se rappellent le grand succès du *Vainqueur au combat de coqs* envoyé de Rome et que nous avons eu la satisfaction de retrouver coulé en bronze à l'Exposition universelle. *Tariénus, martyr chrétien, mourant sous les coups des Païens plutôt que de leur livrer l'Eucharistie*, signale un progrès immense. Un profond sentiment religieux, joint à la vérité, à la naïveté de l'expression, un mélange de nature et d'idéalisation, voulu nettement et rendu avec précision, annoncent un talent près de toucher à la maturité, et rangent dès à présent M. Falguières parmi les sculpteurs que le public ne sait plus oublier. *Le Faune jouant avec un chevreau*, de M. Barthélemy, marque aussi les progrès de son talent. D'autres jeunes artistes, tous sortis de notre Ecole, se sont fait remarquer aux salons annuels de Paris. Aux succès d'école se joignent ainsi les succès plus honorables d'exposition, dont l'éclat rejaillit sur la ville de Toulouse.

Cependant, dans l'état actuel des choses, les liens qui unissent à la ville les talents qu'elle a aidés à leur début se trouvent trop vite relâchés ou rompus. L'occasion de témoigner leur reconnaissance et de payer cette dette chère et sacrée des jeunes années en ornant leur ville natale se présente rarement à vos artistes. Aucune ressource votée régulièrement et accumulée avec prévoyance, ne leur réserve des travaux d'art. Suscités par vous, élevés et nourris par vous, ils végètent ou ils brillent ailleurs. Nous touchons, nous le sentons, à un point très délicat ; nous dirons pourtant avec franchise : nous nous sommes souvent demandé si, malgré les exigences et les habitudes de la centralisation, il n'y aurait pas convenance et justice, il n'y aurait pas profit pour la ville à se montrer patriotiquement partiale pour ses enfants, à leur garder avec un soin jaloux ses travaux d'art, à étendre à leur âge mûr la sollicitude généreuse qui a entouré leur adolescence. A l'exemple de la municipalité, les particuliers s'habitueraient peu à peu à employer la sculpture, la peinture, à la décoration de leurs demeures; la vieille tradition artistique de Toulouse refleurirait dans ses constructions qui semblent, depuis Nicolas Bachelier, avoir fait divorce avec l'ornementation sculpturale. En entrant dans les nécessités de la vie pratique, l'art se rajeunirait, la ville se rajeunirait aussi, et la sève réveillée dans votre Ecole des Beaux-Arts, dans vos artistes, répandue partout sur les murs, donnerait une figure nouvelle, une date, un nom aux transformations accomplies de nos jours.

IV.

De notre Ecole à notre Musée, la transition est naturelle. Il n'est pas moins naturel que celui à qui incombe la garde de nos précieuses galeries et la responsabilité de leur conservation n'ait étudié avec attention et recueilli les exemples d'aménagements meilleurs, de soins, de précautions, donnés au centre de la civilisation et du progrès, dans la construction des nouveaux musées et l'exposition des tableaux. L'état de nos galeries donnait à cette étude un à-propos qui ne sera contesté par personne. Nous demandons donc la permission d'insister un peu sur ce point.

Nous avons eu, comme Conservateur, à donner notre avis sur la grande salle du Musée. Tout le monde est d'accord aujourd'hui sur la disposition vicieuse de la lumière ; elle éclaire une voûte vaste et nue, dont la blancheur écrase tout ; elle n'éclaire pas les tableaux. Elle est diffuse, dirigée en sens inverse de ce qu'il faudrait ; elle permet rarement de bien voir une seule toile. Ce n'est point à l'Exposition universelle qu'il faudrait d'ailleurs chercher le modèle d'une organisation meilleure. L'étendue des salles françaises, — bien que la lumière venue d'en haut et tamisée par des transparents s'y montre moins cruelle que dans l'ancienne nef des Augustins, — ne se prête nullement à cette concentration de distribution des rayons lumineux qu'exigent les tableaux ; elle a été généralement désapprouvée. Mais les salons ou musées élevés à l'extérieur du palais du Champ de Mars par la Bavière, la Belgique, la Hollande, la Suisse, et les galeries du nouveau Louvre pourraient nous offrir de bons modèles à imiter dans une reconstruction. Les artistes français enviaient, non sans raison, les salles et galeries de grandeur moyenne, la lumière discrète, où les œuvres de leurs concurrents étrangers se paraient de qualités souvent imaginaires. Combien leur supériorité eût été encore plus frappante dans des conditions égales d'exposition !...

Il y a donc des nécessités spéciales à l'aspect de la peinture à l'huile dont il n'a pas été tenu compte dans l'appropriation de la grande nef. Il y a aussi des convenances de distribution des tableaux par salles moyennes, par galeries moyennes, par groupes et par écoles, autant que faire se peut, qui ne peuvent être remplies dans un vaisseau unique et démesuré.

La séparation récente de l'Ecole française dans les bâtiments du nouveau Louvre a montré ce que gagnent à être isolées les peintures provenant d'une même tradition, d'une même famille.

Ces convenances s'appuient encore ici sur la considération de l'existence d'une école et d'une tradition locales. Ce sont des convenances historiques.

L'un des hommes qui ont le plus étudié ces sortes de questions, et ont acquis le plus d'autorité dans ces matières, M. le marquis de Chenevières, conservateur du musée du Luxembourg, chargé de la direction des expositions annuelles, auteur de l'histoire des peintres provinciaux de l'ancienne France, a écrit dans un livre sur Hilaire Pader, l'un de nos peintres : « figurez-vous une gale-« rie ni si vaste, ni si haute que la galerie monumentale d'en « bas, ni si écrasée que la galerie supérieure, si bien appropriée « d'ailleurs aux tableautins ; une galerie où se dérouleraient les « œuvres des artistes de cette province, ou y ayant longtemps « travaillé, — œuvres dont le Musée de Toulouse est fort riche, « mais dont il cache le plus grand nombre dans ses magasins « avec une modestie mal placée ; figurez-vous l'histoire de l'art « toulousain écrite là par des peintures de Jacques Boulvène, « Chalette, Ambroise Fredeau, Nicolas de Troy, Colombe du « Lys, Tournier, Durand, Hilaire Pader, Raymond Lafage, « François Guy, Jean-Pierre Rivalz, André Lèbre, François « Fayet, Jean de Troy, François de Troy, Jean Michel, Antoine « Rivalz, Ambroise Crozat, Pierre Subleyras, Jean-Baptiste Des-« pax, Jean-Pierre Rivalz, dit le chevalier Rivalz, François « Derôme, Jacques Gamelin, Lambert, Cammas, Lassave, Pierre-« Henri Valenciennes, F. Gazard, Jean-François Fauré, Fran-« çois Bertrand, et enfin Joseph Roques, premier maître de M. « Ingres. Une ville qui a ce musée tout fait dans la main et qui « ne le ferait pas, qui, plus riche que Lyon, ne saurait pas suivre « le patriotique exemple que celui-ci a donné par sa galerie « d'artistes lyonnais, ce Toulouse là ne serait plus digne de pro-« duire un peintre. »

Cet appel chaleureux adressé à notre patriotisme par un homme étranger à la ville, rend superflu tout autre développement.

Mais il n'y a pas seulement des nécessités spéciales dans la distribution de la lumière ou des convenances historiques dans la disposition des tableaux ; il y a encore, pour constituer un Musée, des conditions de santé, de salubrité, conditions essentielles, principales, qui manquent complètement à l'Etablissement toulousain.

Nous avons déjà eu souvent l'occasion d'appeler l'attention de l'Administration sur ce grave sujet, et nous saisissons avec empressement celle qui se présente aujourd'hui de consigner nos observations dans un document public, afin de dégager notre responsabilité de Conservateur.

On avait espéré se garantir de l'humidité de la grande nef en établissant, à deux mètres environ au-dessus du dallage ancien, un parquet, et en isolant les tableaux des murs de l'église par un placage en bois. Ces précautions pouvaient paraître suffisantes dans des conditions ordinaires de prévoyance; les faits malheureusement ont prouvé qu'elles ne le sont pas. Soit excès de salpêtre dans ces vieilles constructions, soit ventilation insuffisante, une humidité malsaine se concentre dans les espaces obscurs, sous le parquet, entre le placage, les murs, les anciennes chapelles; et ses effets sont désastreux. L'absence de chauffage en hiver et les variations de température les rendent encore plus funestes. Par des temps humides, l'eau coule sur nos toiles; elles se tendent à l'excès et se déclouent. En été, au contraire, elles se relâchent; les vernis s'altèrent, et, dans ce jeu continuel, les enduits et la peinture se gauffrent, se fendent et se détachent. C'est une véritable destruction qui menace, dans un temps plus ou moins long, des œuvres qui sont notre gloire, des œuvres qui sont la gloire de notre pays.

Dans la galerie supérieure du midi, les plafonds se délabrent, l'eau s'infiltre, le peu d'élévation rend plus sensibles les effets directs du froid ou du chaud, et les mêmes inconvénients se produisent par des causes différentes.

L'égalité de température maintenue avec tant de soin dans les galeries du nouveau Louvre, par la disposition des jours qui ne dirigent les rayons du soleil que le moins possible sur les tableaux, par l'élévation des galeries, l'épaisseur des murs, le chauffage, etc..., peuvent nous servir d'exemple.

Il ne nous appartient pas d'entrer dans les détails des remaniements ou des reconstructions dont l'heureuse occasion se présentera peut-être bientôt pour l'Ecole des Beaux-Arts et le Musée; mais la vue de ce qu'on nous a envoyé observer ailleurs, devait naturellement réveiller en nous le sentiment de ce qui nous manque. En l'exprimant avec cette précision, nous n'avons pas seulement cru remplir un devoir. Il nous a semblé que nul moyen n'était meilleur pour témoigner à l'administration notre reconnaissance, au sujet de la mission qu'elle nous a confiée, que de lui montrer la vivacité de la sollicitude que nous inspirent les intérêts mis par elle en nos mains.

J. GARIPUY.

INSTRUMENTS ET MACHINES AGRICOLES.

Rapport de M. le Dr NOULET,

PROFESSEUR A LA CHAIRE D'AGRICULTURE DE TOULOUSE,
MEMBRE DE LA SOCIÉTÉ D'AGRICULTURE ET DE L'ACADÉMIE DES SCIENCES,
INSCRIPTIONS ET BELLES-LETTRES.

Monsieur le Préfet,

La partie agricole de l'Exposition universelle de 1867 n'a pas provoqué les mêmes surprises que celle de 1855, les machines, les instruments offerts à la curiosité publique, n'étant guère que la répétition de ceux que cette dernière grande exhibition avait fait connaître, et que les concours régionaux n'ont pas cessé de vulgariser. Il faut en excepter toutefois les gigantesques engins imaginés pour pratiquer le labourage à vapeur, engins qui, ayant fait leur apparition à l'étranger, déjà depuis plusieurs années, ne s'étaient encore montrés en France que dans de rares occasions.

Mais ces machines, ces instruments de 1855, rares alors, spécimens de concours, faisant leur entrée plutôt dans l'agriculture spéculative que dans l'agriculture pratique, ont été cette fois excessivement nombreux, et de plus éprouvés. La multiplicité des mêmes objets, presque tous à peine distincts les uns des autres pour quelques détails, a témoigné de ce fait important que, pendant les douze dernières années, la mécanique agricole a subi une véritable rénovation.

Les instruments mus par la vapeur et par des animaux de trait ont pris définitivement le pas sur les outils à la main, affranchissant ainsi les ouvriers des champs des plus rudes labeurs, en même temps qu'ils permettent d'exécuter avec rapidité et économie des opérations que le manque de bras tendait à compromettre.

Un second fait à noter, c'est celui de la spécialisation dans l'emploi de ces mêmes instruments; partout, plus ou moins vite, on abandonne la coutume séculaire, à laquelle, il faut le dire, notre département et toute la région du sud-ouest restent encore trop attachés, celle de faire servir le même instrument à une foule d'usages. Au lieu d'exécuter, à l'aide d'une seule charrue, souvent fort imparfaite, les labours de défoncement, les labours de préparation, les déchaumages, les binages et les buttages des récoltes, on s'adresse à des charrues diverses, propres à remuer plus ou moins profondément le sol ou à l'écroûter seulement, et à des extirpateurs, scarificateurs, houes à cheval, butteurs, etc., afin de donner à chaque façon toute la célérité et toute la perfection désirables.

Cette multiplicité était remarquable dans la catégorie des instruments aptes à préparer le sol ou à l'entretenir dans un bon état de culture. Les charrues françaises à avant-train et les araires à âge court (nos araires à flèche n'y étaient pas représentés) se trouvaient en très grand nombre à l'Exposition, sans néanmoins offrir de types nouveaux. Nous y avons rencontré les excellents modèles, lourds et solides, sortis de la fabrique de Dombasle, et leurs imitations variées, et ça et là quelques-uns se rapprochant, par leur gracilité, des instruments américains et anglais, plus effilés, plus élégants, mais bien moins rustiques.

Parmi les modèles anglais, nous citerons les charrues tourne-oreille, très dignes d'intérêt. On sait que ces charrues permettent les labours à plat pratiqués à bandes continues, ce qui rend le travail uniforme et économique. Sur les terrains en pente, tels qu'on les trouve dans les parties montueuses de notre département, où l'on se propose de modérer la descente des terres, ces instruments rendraient de véritables services, en offrant le moyen de renverser constamment les bandes que la charrue relève vers la partie supérieure du champ.

Le modèle de Lowcock, exposé par MM. Ransomes et Sims, est si facile à retourner au bout de la raie, que le laboureur n'a, pour y parvenir, qu'à faire jouer les mancherons autour de leur pivot; les chevaux en tournant font le reste, et l'instrument se trouve réglé. Cette charrue a vivement attiré l'attention des agriculteurs.

Il en a été ainsi du modèle Kelton, des mêmes exposants. Cette charrue tourne-oreille, arrivée au bout de la raie, est tournée comme une charrue ordinaire; mais, au moyen d'un levier, le soc se renverse, et alternativement l'un des deux versoirs prend la direction exigée pour son fonctionnement, tandis que l'autre se relève au-dessus du sol en attendant d'agir à son tour.

Les instruments complémentaires des labours s'offraient les mêmes chez tous les grands exposants : c'étaient les herses en zigzag, les rouleaux en fonte à disques tranchants et les rouleaux Croskill; ce qui prouve combien ces émottoirs, encore peu répandus dans notre localité, ont été mieux appréciés partout ailleurs.

On en peut dire autant des houes à cheval, des extirpateurs, des scarificateurs, si propres à entretenir l'ameublissement des terres et à les débarrasser des plantes salissantes, si nuisibles aux récoltes. En retrouvant à l'Exposition des modèles venus de localités si diverses, on ne pouvait s'empêcher de conclure que, dans bien des cas, ils ont été employés sur des terres aussi difficiles que les nôtres, et que, sauf un apprentissage à faire, ils ne devaient pas être aussi radicalement exclus qu'ils l'ont été jusqu'à ce jour de notre pratique, sous le prétexte que nos sols n'en permettraient pas l'usage.

Si des instruments destinés à donner les façons exigées par les cultures champêtres proprement dites, nous passons à ceux qui sont appliqués aux labours des vignes, nous aurons à formuler les mêmes réflexions. Partout où la vigne occupe une grande place, on a approprié des instruments particuliers aux façons que ce mode de culture exige; les charrues et les houes vigneronnes, chausseuses et déchausseuses, sont donc tenues en haute estime.

Je recommanderais à nos constructeurs qui pourraient s'en inspirer, et à nos vignerons qui devraient les essayer, les modèles qui m'ont paru bien entendus et d'un facile maniement, de M. Moreau-Chaumier, à Tours (Indre-et-Loire).

Parmi les instruments spéciaux, je signalerai les charrues propres à l'arrachage des récoltes-racines, betteraves et pommes de terre. Cette opération, d'une grande importance, ne pouvait manquer d'être régularisée; de là l'invention récente des *charrues arracheuses* ou *lève-racines*, sortes de fouilleuses souterraines d'une construction fort simple. Dans celle que l'on applique à l'arrachage des betteraves, un corps de charrue en fer, précédé d'un avant-train qui permet d'en régler l'entrure et la marche, est armé d'un soc triangulaire qui, passant sous les racines, les soulève et les dégage.

Dans les charrues employées à soulever les pommes de terre, le corps de l'instrument porte un soc prolongé en avant et relevé en arrière de lames de fer s'épanouissant en éventail.

Ces instruments, peu variés dans leur construction, se trouvaient plusieurs fois répétés dans la partie anglaise de l'Exposition, d'où l'on peut supposer qu'ils sont déjà entrés dans la pratique, en Angleterre.

Les semoirs étaient très divers, ce qui démontre les constants efforts que les constructeurs ne cessent de faire pour perfectionner ces instruments d'un usage encore fort restreint dans notre région.

A la vérité, il faut dire que, si les semis en ligne des céréales, du blé surtout, offrent d'incontestables avantages, ce n'est qu'à la condition d'accorder à ce système cultural tous les travaux, tous les soins qu'il exige; sinon, on ne peut s'attendre qu'à des mécomptes.

Semer le blé en ligne, c'est s'engager à le tenir net des herbes salissantes qui, mieux que dans toute autre méthode, viennent, en occupant les espaces laissés vides entre les lignes, disputer au froment les substances nutritives fournies par la terre. Or, cette netteté du sol ne s'obtient que par des façons multipliées, données à l'aide de la houe à cheval, et qui, en entretenant de plus l'ameublissement des champs, sont si favorables à la récolte.

Quant aux semoirs eux-mêmes, ils doivent distribuer uniformément les grains en lignes, en les espaçant et les recouvrant à des distances et à des profondeurs déterminées d'après les exigences des plantes.

Nous avons retrouvé à Billancourt et au Champ-de-Mars les beaux semoirs d'origine anglaise; ceux déjà anciens, mais toujours bien appréciés, de M. James Smith, à toutes les graines, surtout un nouveau modèle à avant-train et *à tubes articulés télescopiques*, modification ingénieuse, qui met l'instrument à l'abri de toute interruption dans la chute des grains : c'est là le point capital.

Un des plus grands événements de l'Exposition universelle de 1855, fut, sans contredit, l'apparition des faucheuses et des moissonneuses. L'application de la scie à la coupe des fourrages et des céréales, trouvée par M. Mac-Cormick, fut le point de départ de cette merveilleuse invention, qui délivrera un jour les cultivateurs de toute crainte à l'égard de cette importante opération, où l'opportunité d'une rapide exécution est indispensable.

Aujourd'hui, personne ne conteste que le problème en lui-même ne soit résolu ; mais on hésite sur le choix à faire des instruments, tout en rendant hommage aux constructeurs qui n'ont cessé de rivaliser de zèle pour arriver à réaliser un si désirable résultat.

Ce sont les faucheuses américaines qui, cette fois encore, ont été surtout distinguées. — Le jury de l'Exposition a décerné le premier prix à M. Wood (New-York), le second à M. Perry (Kingston), le troisième à M. Mac-Cormick (Chicago).

Les moissonneuses étaient en grand nombre. Celle de M. Mac-Cormick a mérité le premier prix ; le second a été attribué à M. Durand, à Lignières, département du Cher ; le troisième à MM. Samuelson et compagnie (Angleterre), et à M. Wood (Amérique).

Les moissonneuses à un cheval de M. Peltier, à Paris, et de MM. Pinaquy et Sarvy, à Pampelune, ont obtenu des récompenses.

Les opérations d'une bonne fenaison intéressent les agriculteurs à l'égal de celles de la moisson, puisque c'est à l'aide des foins que nous pouvons espérer d'entretenir sur nos domaines les animaux nécessaires au travail des terres et à la conservation de leur richesse par les fumiers qu'ils fournissent. De là, l'excellent accueil qui a été fait, dès leur apparition, aux engins qui, après le fauchage des prés, ont pour but de faire arriver à la prompte dessiccation des herbes fourragères. On peut dire qu'il n'y a pas d'instruments qui, en si peu d'années, soient devenus d'un usage aussi général que les *Rateaux à cheval*, et ensuite les *Faneuses*.

Tous les constructeurs nationaux et étrangers quelque peu considérables avaient leurs râteaux à cheval, ce qui prouve le grand usage que l'on en fait. Tantôt ils s'offraient avec un siége pour le conducteur qui pouvait ainsi les manœuvrer aisément; tantôt ils devaient être dirigés par un ouvrier marchant à l'arrière, moyen plus simple et qui nous paraît plus propre à faire éviter les obstacles et à conduire la manœuvre avec une grande précision.

Les faneuses abondaient aussi. On distinguait les modèles anglais de MM. Nicholson, Howard, Ashby, Jeffery, Ramsomes et Sims, et les modèles français de M. Heyland, à Colmar, qui ont obtenu les prix de la Commission.

Dans la faneuse à double action, de M. Howard, les fourches sont à volonté rapprochées ou éloignées du sol; mais ce qui lui a valu son nom, c'est l'heureuse disposition qui permet de diriger les dents, dont ces organes sont munis, tantôt dans le sens de la marche de l'instrument, qui alors fait voler les foins à une grande élévation, — ce qui est indifférent pour ceux des prés naturels; — tantôt en sens contraire, les dents alors n'occasionnent que le déplacement des foins ras de terre, condition indispensable quand on emploie les faneuses à la prompte dessiccation des fourrages de la famille des légumineuses, dont les folioles articulées se détachent, comme on le sait, avec la plus grande facilité.

Ainsi qu'on devait s'y attendre, les machines à battre les grains, les batteuses, étaient amplement représentées. Nous y avons retrouvé les divers types qui apparaissent sur les champs de tous nos concours régionaux, ce qui nous dispensera de nous y arrêter longtemps.

Depuis que les batteuses, mues par la vapeur, sont employées à la façon, ces appareils, plus ou moins puissants, rendent d'éminents services aux agriculteurs de toutes les classes, en les dispensant d'avoir recours aux batteuses à manège, qui, en général, laissent beaucoup à désirer, sous le rapport de la force qu'elles nécessitent pour fonctionner convenablement.

La machine Clayton et compagnie, si appréciée en France depuis 1855, offrait quatre modèles. Ces batteuses, qui secouent la paille, vannent et criblent les grains et les mettent en sacs, ont conservé leur type primitif, mais en recevant des perfectionnements dans l'appareil épurateur.

Celui-ci consiste en un crible cylindrique et à mailles mobiles, ce qui permet de le régler en l'appropriant au volume des différentes graines soumises à l'action de la batteuse.

Pendant de longues années, les agriculteurs demandèrent à la mécanique une bonne batteuse ou égreneuse de trèfle, et leurs vœux restèrent stériles. Il n'en est pas de même en ce moment; on a des batteuses spécialement appliquées au trèfle, à la minette et à la luzerne.

L'idée mère de ces appareils est empruntée aux batteuses ordinaires; les organes essentiels consistent comme dans celles-ci, en un batteur et un contre-batteur. Une trémie sert à fournir la graine non débourrée ; on parachève l'opération, en ajoutant un tarare et parfois des cribles. Déjà nous avons vu dans les concours de la région la batteuse de trèfle de M. Pinet et ensuite celles de plusieurs constructeurs. A l'Exposition, nous avons eu la batteuse de M. Gérard, de Vierzon, celle de M. Fuselier, de Saumur, montées l'une et l'autre sur quatre roues. La dernière épure si complètement les graines, qu'elle les sépare en trois catégories, d'après leur poids spécifique.

Une batteuse de trèfle, fort séduisante par sa simplicité, est celle de MM. Thomas et R. Hunt (Angleterre). Une trémie, dont on règle le débit, fait descendre la graine en bourre dans le tambour qui renferme le batteur et le contre-batteur, l'un et l'autre relevés par des saillies héliçoïdales et dont l'écartement peut être infiniment varié. Cet appareil offre trois modèles : un à bras, un à manège et un dernier à vapeur.

L'introduction des batteuses dans notre département, où la production des graines de trèfle et de luzerne a une grande importance, améliorerait la préparation de celles-ci, en la rendant plus sûre et mieux réussie que ne le font le battage et l'épuration obtenus sur l'aire. Ces machines, mises à la disposition des propriétaires par leurs détenteurs et louées à la façon, rendraient de véritables services.

Nous n'avons eu à constater qu'un bien petit nombre d'égrenoirs à maïs, soit à Billancourt, soit au Champ de Mars : 1° de rares spécimens du type américain déjà ancien ; 2° un modèle en fer fondu de M. Peltier, à Paris, qui rentre dans le même système; 3° l'égrenoir Carolis, à Toulouse, qui a mérité à ce mécanicien un premier prix, est trop bien apprécié dans la Haute-Garonne et dans la région du Sud-Ouest, pour que j'aie à le recommander autrement qu'en rappelant la nouvelle distinction dont il vient d'être l'objet ; 4° un modèle récent de M. J. Brinkerhoff, à Auburn (Amérique), a beaucoup attiré notre attention, sans que nous ayons été assez heureux pour rencontrer même un représentant de l'exposant qui pût nous fournir des détails sur cet instrument. Celui-ci, que nous n'avons pas vu fonctionner, nous a néanmoins semblé construit de façon à produire d'excellents résultats. Il est en bois, et se présente sous forme de coffre carré, ayant 60 centimètres de côté et porté sur quatre pieds droits. On le dédouble par le haut en abattant le couvercle, qui offre alors un plan incliné à bords relevés. C'est là qu'on place les épis de maïs, qui glissent d'eux-mêmes dans la caisse où se trouvent deux forts cylindres en fonte, armés de pointes dirigées obliquement, l'un fixe et l'autre mobile ; ce dernier est mis en mouvement à l'aide d'une manivelle et d'un engrenage ; le volant est à l'opposite ; les grains détachés tombent sur une grille inclinée, d'où ils sortent épurés.

L'Exposition a eu un égrenoir à maïs à vapeur ; celui de M. Giacomelli, de Trévise (Italie). Cet appareil, qui doit être énergique, pourrait être employé avec profit sur les domaines pourvus de locomobiles appliquées aux besoins de l'agriculture.

Le criblage et le triage des grains ont acquis dans ces dernières années une foule d'appareils sans cesse reproduits, depuis les tarares, que M. de Dombasle mit en honneur, jusqu'aux trieurs, que M. Vachon construisit d'après des données qui ont servi de point de départ aux nombreux et bons modèles fabriqués par nos constructeurs français.

A l'aide des débourreurs dont on arme la trémie des tarares, et en agrandissant ces appareils, on a pu les appliquer avec succès au vannage des blés. Le modèle de M. Pinet, d'Abilly (Indre-et-Loire), a mérité le premier prix à l'Exposition universelle.

Quant aux trieurs, ces instruments, montés en cylindres métalliques de diverses dimensions ou en tôle perforée, sont encore d'un prix élevé. Propres à épurer rapidement et très suffisamment les grains employés à la meunerie, ils conviennent aussi à l'épuration de ceux qu'on destine aux semailles. Ils peuvent, sous ce rapport, être utilisés à la façon, mode encore trop peu répandu dans notre département.

Les pressoirs à vendange et à engrenage ou à levier sont d'un usage fréquent dans la Haute-Garonne; il n'en est pas de même des *pressoirs hydrauliques*, — fonctionnant à l'aide d'une pompe foulante et d'un ou de plusieurs pistons recevant l'eau refoulée. — Ces appareils mériteraient d'être essayés dans les très grands vignobles, car ils ont l'avantage, à part leur énergie, de faire éviter les ruptures, fréquentes dans les premiers, quelque bien entendue qu'en soit la construction.

M. Chollet-Champion et M. Mannequin avaient chacun le leur dans cette catégorie.

Parmi les instruments d'intérieur de ferme qui encombrent annuellement les champs de nos concours, il faut citer ceux qui sont employés à préparer les rations alimentaires des animaux, tels que hache-paille et coupe-racines, sans que pour cela ils soient devenus d'un usage général dans notre région, les derniers surtout, à cause du peu de place que tiennent dans nos assolements, et partant, dans la nourriture du bétail, les fourrages-racines.

A propos de ceux-ci, nous devons mentionner, néanmoins, le *dépulpeur* de Biddel, dépassant de beaucoup les effets des coupe-racines, puisque cet instrument, au lieu de fragmenter la betterave, par exemple, la réduit, comme son nom l'indique, à l'état de pulpe, augmentant ainsi sa valeur en substance alibile, plus facilement assimilable.

Depuis un petit nombre d'années, les tailleuses à bras et à manége ont fait leur apparition dans les concours de notre région agricole. Celle de M. Nogués, à manége, présentée par ce constructeur à Tarbes, lui mérita la médaille d'or. Mais la *tailleuse mécanique* de M. Laveau, perfectionnée par M. Pinet, et que nous avons admirée à l'Exposition de Paris, est bien autrement importante.

Mue par la vapeur, et construite en fonte, elle est formée d'un châssis muni de huit cylindres superposés à quatre ; ce qui constitue la *broyeuse* proprement dite. Ce premier appareil est complété par un *nettoyeur*, composé d'un grand cylindre, destiné à débarrasser la filasse des aigrettes.

Partout où l'extension des plantes textiles a lieu, on comprend qu'il devient indispensable de substituer à l'antique *braye*, mise péniblement en jeu par des femmes, des machines plus puissantes.

Après cette longue énumération d'instruments entrés dans la pratique agricole, mais, je le répète, encore bien incomplètement adoptés dans la Haute-Garonne, je dois consacrer quelques lignes aux appareils de labourage à vapeur.

A l'Exposition, c'est à l'état de repos que nous avons trouvé ces imposantes charrues polysocs et à bascule, d'une construction si solide et si élégante à la fois (1).

La vapeur appliquée aux différentes façons à donner aux terres pour les mettre en culture, les préparer à recevoir les semences ou à favoriser les récoltes attâchées au sol, est un fait de la plus haute importance, — désormais acquise.

Mais, de même que, dans les petites usines, l'industrie n'utilise que la force humaine ; que dans celles qui sont plus considérables la force des animaux de trait, et qu'enfin on réserve l'action presque illimitée de la vapeur aux plus grandes exploitations, de même l'agriculture a aujourd'hui à sa disposition chacune de ses forces qu'elle fait concourir à la production du sol.

D'après cela, les labours à vapeur ne conviendraient qu'aux vastes domaines, et encore même aux vastes domaines en plaine ne comprenant pas moins de douze à quinze cents hectares de surface ; on l'avait ainsi pensé ; heureusement que l'on s'est ravisé et que l'on a compris que les labours exécutés à la façon

(1) On sait que les appareils anglais de MM. Fowler et Howard ont été essayés avec un véritable succès à Petit-Bourg, en dehors des expériences faites par la Commission de l'Exposition universelle.

peuvent être utilisés sur des terres de moindre étendue en employant des appareils moins puissants.

En Angleterre, où le labourage à vapeur est en grand honneur, on possède les ingénieux instruments de Fowler, applicables aux grandes exploitations (celles de 200 hectares et au-dessus), aux moyennes (celles de 100 à 200 hectares), et aux petites propriétés.

Les changements à apporter, selon l'étendue des terres, aux appareils, consistent dans l'emploi que l'on fait de locomobiles de moins en moins puissantes ; ce qui entraîne l'usage de charrues à un moindre nombre de corps. Ainsi, pour les grandes exploitations, on met en jeu deux locomobiles placées, vis-à-vis l'une de l'autre, aux deux extrémités du champ à labourer. Chaque machine est pourvue des organes nécessaires pour rouler et dérouler le câble en fils d'acier qui sert de moyen de traction et fait fonctionner les charrues. On meut ainsi à volonté deux corps de charrues à la fois ; ce qui permet, œuvre immense, de remuer le sol sur une surface de vingt hectares en dix heures.

Pour les exploitations de moyenne contenance, c'est-à-dire de 100 à 200 hectares, on n'emploie qu'une seule locomobile ; la seconde est remplacée par une ancre automobile, qui lui est opposée à l'autre extrémité du champ. Sur les petites propriétés on utilise les locomobiles ordinaires, auxquelles on ne fait qu'ajouter les poulies de traction et l'ancre.

Il est facile de comprendre que, pour donner les différentes façons nécessitées par les récoltes pendantes, on substitue à la charrue des *cultivateurs* divers, comme scarificateurs, houes à cheval, butteurs, etc., à organes multiples et également à bascule.

Telles sont, Monsieur le Préfet, les impressions qu'ont fait naître dans mon esprit les nombreux instruments agricoles réunis à l'Exposition universelle. M'inspirant de vos intentions, je me suis appliqué à signaler tous ceux qui m'ont paru offrir quelque intérêt au point de vue de l'amélioration de nos cultures locales.

Il m'a semblé, surtout, qu'au moment où les agriculteurs se préoccupent avec une si vive anxiété de la dépopulation des campagnes, toujours croissante, ayant pour résultat l'augmentation des salaires, et, ce qui est plus grave encore, l'insuffisance des ouvriers, il était rassurant d'apercevoir le remède à opposer à un état de choses si compromettant pour l'avenir de tous. Ces merveilleuses machines, ces ingénieux engins, si nombreux, si variés, n'ont, en effet, pour objet que de multiplier les forces de l'homme, de rendre ses efforts moins pénibles, en même temps que mieux raisonnés; plus dignes, enfin, de sa haute mission.

NOULET.

PRODUITS AGRICOLES.

Rapport de M. L. De PAPUS,

MEMBRE DE LA SOCIÉTÉ D'AGRICULTURE.

Monsieur le Préfet,

La Commission, qui avait eu l'honneur de recevoir de vous le mandat d'étudier l'Exposition universelle de 1867, au point de vue de nos intérêts départementaux, avait reconnu une telle importance à tout ce qui se rattache à nos conditions agronomiques, qu'elle avait cru devoir partager à deux de ses membres la tâche difficile d'apprécier la part de l'agriculture dans cette glorification générale du travail.

Une plume plus autorisée que la mienne, celle du savant professeur qui occupe avec éclat notre chaire d'enseignement agricole, vous a déjà rendu compte de tout ce que cette admirable exhibition offrait aux yeux des agriculteurs, sous le rapport des machines et des instruments. La difficulté de reconnaître et d'apprécier le mérite d'engins presque toujours à l'état d'inaction, près desquels, souvent, leur constructeur n'était représenté par personne qui pût en expliquer le mécanisme, en indiquer même le but ; cette difficulté, dis-je, a pu être vaincue chez notre collègue par la science si pratique qu'il possède de la mécanique agricole et son habitude de juge dans tous nos concours. La tâche qui m'était dévolue me laissait encore plus isolé ; je me trouvais, dans l'examen des produits agricoles, en présence d'innombrables séries d'échantillons de grains, de légumes, de racines, de plantes, de graines, de bois, d'engrais, d'objets de toute sorte, sur lesquels je ne possédais aucun contrôle, que nul ne pouvait m'aider à apprécier.

Cette partie, si intéressante cependant, de tout examen agricole, est toujours, par la force même des choses autant que par les difficultés d'appréciation qu'elle présente, tellement reléguée au second plan, qu'elle occupe à peine quelques lignes dans le rapport qui, dans les mêmes circonstances que celui-ci, fut présenté à l'un de vos prédécesseurs après l'Exposition de 1855.

Permettez-moi de trouver dans les observations qui précèdent une excuse à ce que pourra offrir de vague et de peu précis l'ensemble de mon travail.

Les produits du sol ne sont que l'expression vivante de la valeur des pratiques agricoles et des méthodes de culture, à l'aide desquelles on les a obtenus; à leur tour, celles-ci ne peuvent être représentées que par les objets récoltés. Cependant cette manifestation est si incomplète à tous les points de vue, que, isolée, elle enlève toute valeur à un examen. Un produit n'a pas de mérite par lui-même, il est le fruit d'une méthode qui a assuré sa supériorité ou a amené l'abondance de son rendement. Toutes les fois qu'il se présentera seul, il ne pourra être qu'un objet de curiosité.

D'un autre côté, l'étude et l'appréciation des pratiques agricoles doit toujours être accompagnée d'une excessive réserve; car si l'agriculture ne marche plus, depuis longtemps, dans l'ornière d'une grossière routine; s'il existe un corps de doctrines agronomiques avec des règles sûres et des principes positifs, il ne faut pas non plus méconnaître que les conditions géologiques, climatériques et industrielles, varient tellement entre deux points, souvent très-rapprochés, d'un même territoire, que la plus extrême prudence doit invariablement présider à toute innovation culturale, même lorsqu'une longue pratique en aurait ailleurs consacré et couronné le succès.

Je m'empresse de placer sous le bénéfice de ces réserves l'étude que mon mandat m'appelait à l'honneur de faire. Si j'ai été bien au-dessous de ma tâche difficile, la faute n'en pourra être imputée ni à mon défaut de zèle, ni à mon manque de bonne volonté.

L'Exposition de 1867 présentait aux agriculteurs, soit dans l'enceinte du Champ-de-Mars, soit dans l'île de Billancourt, le plus vaste champ d'études qui ait jusqu'ici été offert à leurs méditations; mais les divers points par lesquels l'art agricole touche à tous les autres et se trouve en contact avec toutes les industries sont si multipliés, que la Commission impériale chargée de l'organisation de l'Exposition universelle avait jugé impossible, pour cette partie de l'Exposition, de suivre un classement méthodique. L'exposition agricole était un peu partout, et les divers objets qu'on pourrait rattacher à cette branche des connaissances humaines se trouvaient tellement mêlés et confondus parmi un grand nombre d'autres, qu'il était nécessaire d'en faire l'examen dans plus de vingt classes différentes ; cette confusion rendait bien difficile une étude fructueuse. Toutefois, j'ai adopté pour l'examen des objets dont j'ai à vous rendre compte, la classification suivante :

1. Produits agricoles :

Alimentaires, industriels, forestiers.

2. Spécimens de cultures se rattachant à ces diverses productions.

3. Engrais.

4. Constructions rurales, aménagements d'intérieur de ferme.

5. Expositions périodiques d'animaux à l'île de Billancourt.

6. Objets divers.

PRODUITS AGRICOLES.

EXPOSITION FRANÇAISE.

Aucune de nos précédentes expositions n'avait offert un aussi riche ensemble de produits dus à l'agriculture que celui qu'on pouvait étudier au Champ-de-Mars et à Billancourt. La plupart des échantillons étaient groupés collectivement ; s'il était impossible à tous autres qu'aux membres des jurys spéciaux d'en apprécier le mérite individuel, ils offraient au public dans leur ensemble l'indication d'un progrès agricole général et incontestable.

Il n'était pas permis de contempler, sans un juste sentiment d'orgueil national, le somptueux pavillon que le département du Nord avait orné de l'infinie variété des productions de son sol. L'authenticité et la valeur d'un objet exposé isolément peuvent très-souvent inspirer des défiances, et l'exposant peut être suspecté de fraude; mais quand on voit les richesses agricoles d'une contrée présentées sous la garantie collective et solidaire de ses comices agricoles, de ses sociétés d'agriculture, comment ne pas reconnaître que le pays qui les a produites est le centre d'une culture avancée, celui chez lequel on peut puiser des enseignements. Etait-il permis de douter de la valeur agricole du département dont nous parlons en voyant ces échantillons de blé, dont la production s'élève jusqu'à cinquante hectolitres à l'hectare, ces avoines ayant donné jusqu'à cent hectolitres. Ces rendements tout exceptionnels qu'ils doivent être, n'en démontrent pas moins la valeur des procédés de culture par lesquels on est arrivé à de tels résultats. A côté des céréales, nous voyons figurer les plantes légumineuses; à la suite, les plantes textiles, les plantes oléagineuses, les plantes fourragères, les plantes racines; enfin celles qu'on désigne sous le nom de plantes industrielles; la betterave, qui est transformée en sucre, en alcool; le houblon nécessaire à la fabrication de la bière. Dans toutes ces séries, les produits directs du sol étaient présentés à tous leurs états et sous toutes leurs formes naturelles; ils étaient, en outre, accompagnés de nombreux échantillons figurant les transformations multiples que peut leur faire subir l'industrie. L'ensemble de cette exposition, la plus complète de celles qui figuraient au Champ-de-Mars, représentait à elle seule la production agricole de la France presque entière. J'ai dit que les expositions collectives étaient de beaucoup les plus importantes et les plus nombreuses : toutes se présentaient à peu près dans le même ordre et dans les mêmes conditions. Je citerai les suivantes : Celles du Comice agricole de Loir-et-Cher, des départements de Savoie et de Haute-Savoie, de la Société d'agriculture d'Arras, du Comice agricole de Château-Thierry, du département du Bas-Rhin, du Comice de Chinon, de la Société d'agriculture de Rouen, des départements de la Somme, de l'Aisne, de l'Oise, de l'Eure, de la Vienne, du Pas-de-Calais, du Calvados, des Côtes-du-Nord, de l'Isère, de la Meurthe, des Landes, de l'Hérault, du Finistère, de l'Institut agricole des Frères à Beauvais, etc. Je l'ai déjà dit, toutes ces expositions n'étaient qu'une reproduction plus ou moins complète des objets qui figuraient dans le pavillon du Nord, à l'exception de quelques produits spéciaux à certaines contrées : les vins pour les pays viticoles ; les résines et les produits qui en dérivent, pour les pays où croît le pin, etc. Le département de Seine-et-Marne avait orné de ses produits agricoles l'intérieur d'un bâtiment qui était en même temps un spécimen de ferme.

Je ne puis terminer cette nomenclature des expositions collectives françaises sans mentionner d'une manière toute spéciale celle que l'école de Grignon avait installée dans un petit pavillon séparé.

Cette célèbre école d'agriculture ne pouvait faire de la présentation des productions du domaine qu'elle fait cultiver, qu'un objet secondaire de son exposition. Ce que son habile directeur tenait à faire comprendre et à mettre en relief, ce sont les méthodes de cultures pratiquées chez lui, le progrès agricole tel qu'il est compris et étudié à Grignon. Rien n'était négligé pour présenter ces divers enseignements aux yeux des visiteurs : plans, tableaux analytiques, formules spéciales, cartes divisant le territoire français en zones agricoles pour toutes les cultures, renseignements statistiques, comptes divers, modèles d'instruments, d'outils, échantillons, minéraux ; tout cela était présenté avec ordre, précision, clarté, et donnait une juste idée de l'importance de cette institution, qui représente la plus haute expression de l'éducation agricole en France.

Dans plusieurs salles du Palais central, on voyait exposées des collections de grains et graines présentées par divers marchands grainetiers ; celles de la maison Vilmorin-Andrieux était la plus importante. On ne peut dire autre chose, en présence de ces innombrables échantillons, sinon que toutes nos plantes cultivées offrent de très-nombreuses variétés, que le blé, le maïs surtout, se présentent en échantillons de nature et de qualités très-diverses, et qu'il semblerait avantageux, en considérant cette loi générale de physiologie végétale qui proclame l'utilité de l'alternance des récoltes sur le même sol, de renouveler les semences par des variétés distinctes en choisissant avec discernement celles dont les exigences répondraient le mieux aux conditions de culture de chaque terrain.

La France doit à son sol et à son climat le très-heureux privilége d'un produit exceptionnel et qui mérite une mention spéciale; il entre directement dans notre alimentation et y tient une large place : c'est la boisson par excellence, le vin.

La vigne, cet arbrisseau cultivé de tout temps, l'est aussi dans toutes les parties du monde. La production du vin est la fortune de certaines contrées. La culture de la vigne ne devrait convenir qu'aux pays tempérés, mais vu la faveur bien méritée dont jouissent les produits qu'elle donne, on l'a essayée un peu partout. L'Exposition nous a démontré d'une manière générale la supériorité des vins français. Toute la France viticole était représentée ; au premier rang, la Bourgogne, la Gironde, la Champagne ; venaient ensuite le Mâconnais, le Beaujolais, l'Hérault. Notre département figurait au Champ-de-Mars par quelques échantillons de nos meilleurs vins. Une récompense a été attribuée à M. Lespinasse, de Saune, pour son vin de Villaudric.

L'Exposition nous a appris que les plants les plus réputés de nos vignobles, les plus en renom, sont cultivés dans divers Etats d'Amérique, en Australie, en Afrique, un peu dans toutes les parties du monde. Les vignerons les plus familiarisés avec nos meilleures méthodes de culture de la vigne et de fabrication du vin, ont été appelés dans les contrées les plus éloignées, dont les habitants ont voulu s'approprier cette culture. C'est ainsi que nous avons vu au Champ-de-Mars des vins mousseux de Californie préparés par des vignerons champenois ; des vins des Etats de New-York, de Virginie, des vins du Brésil, etc., et enfin de l'Australie, ce nouveau continent qui s'approprie si bien nos cultures européennes, et qui paraît être celui de tous les pays hors d'Europe dont les produits, toutefois comme vins ordinaires, rivalisent le mieux avec leurs similaires français ; je ne parle ici que comme écho de l'opinion des autres ; car si j'ai pu voir, au Champ-de-Mars, les échantillons envoyés par tous les vignobles de la terre, je n'ai pu les étudier, selon l'expression de M. About, le spirituel chroniqueur du *Moniteur*, que comme on lit un beau livre dont on ne voit que le dos.

Le vin est un composé bien complexe ; grâce au grand nombre des substances qu'il contient et aux divers ferments qui les font réagir les unes sur les autres, ce liquide, en vieillissant, peut, ou acquérir des qualités précieuses qu'il n'avait pas au sortir de la cuve, c'est-à-dire après la première fermentation alcoolique, ou perdre au bout de quelques mois toute sa valeur en contractant diverses maladies. Plusieurs moyens sont employés pour assurer la conservation du vin. Ce sont : le plâtrage, l'addition d'alcool à la vendange ou au vin, procédé appelé vinage ; le chauffage en vases clos. Un nouveau procédé d'alcoolisation des vins m'a été révélé à l'Exposition ; il consiste à ajouter au vin de l'alcool déjà imprégné, par un séjour dans du marc de vendange, des substances qui doivent contribuer à la conservation du vin. L'alcool ainsi préparé est appelé alcool tannique. Toutes ces méthodes ont leur valeur ; le mieux est de produire un vin d'une conservation naturelle ; on y parvient par le choix de bons cépages et par de grands soins donnés à cette précieuse boisson, pendant et après la cuvaison. Le vin est d'une conservation difficile, si on ne le tient pas éloigné de toutes les causes qui pourraient en provoquer l'altération.

PRODUITS AGRICOLES ÉTRANGERS.

EXPOSITION PRUSSIENNE.

Toutes les nations représentées à l'Exposition avaient envoyé des échantillons plus ou moins nombreux des produits de leur sol. Une simple nomenclature m'entraînerait trop loin et ne serait d'aucune utilité. Chaque pays, fût-il même des moins avancés dans la science agricole et encore à l'enfance de cet art, peut se distinguer par quelque production d'élite qu'il doit à un sol ou à un climat spécial.

Mais, si je borne à ces quelques lignes l'examen des produits agricoles étrangers, je dois faire une exception pour l'exposition Prussienne, installée dans le grand palais central. Elle était composée d'échantillons aussi nombreux que choisis et variés. L'apparence seule de cet ensemble complet témoignait de la haute estime dans laquelle est tenue, en Allemagne, la science agricole et disait clairement combien d'hommes éminents doivent lui consacrer leur temps et leurs travaux. Ce qui distinguait cette exposition, c'était l'indication de la manière rationnelle selon laquelle le progrès agricole est compris en Allemagne. Le génie allemand ne se contente pas, pour faire connaître son agriculture, d'envoyer ses produits agricoles, d'employer pour les faire valoir une étiquette pompeuse ou une expression hasardée; mais il suit pas à pas le progrès de ses cultures, il l'analyse, il le démontre presque mathématiquement. Cette appréciation se déduisait des nombreux tableaux qui accompagnaient cette remarquable exhibition, lui servaient pour ainsi dire d'auxiliaires, de moniteurs, et en traduisaient la valeur avec une grande éloquence.

PRODUITS FORESTIERS.

L'Exposition de l'École forestière de Nancy, installée dans le palais central, par les soins et sous la direction de M. Mathieu, représentait au complet toutes les productions de nos forêts, avec toutes les indications qui pouvaient intéresser et instruire le visiteur. Explication des modes d'aménagement, séries complètes des divers outillages usités pour abattre les bois et les utiliser, enfin, les produits si variés qu'on obtient du bois. Cette exposition était tout un enseignement de sylviculture. L'exposition forestière Autrichienne, très remarquable aussi, avait un tout autre caractère. Installée en plein air, elle étonnait le visiteur par la variété et les dimensions colossales des échantillons qu'elle offrait à ses yeux.

Nous avons vu avec peine qu'une regrettable insouciance avait éloigné de l'Exposition, d'une manière à peu près absolue, notre riche pays du sud-ouest de la France. Espérons pour Toulouse, qui, cette année, doit être le siége du concours agricole de notre région et qui réunit toutes les conditions qui peuvent favoriser une telle solennité, que notre agriculture tiendra à honneur d'exposer, aux yeux des nombreux visiteurs que cette fête appellera dans nos murs, les produits si nombreux, si variés et si justement renommés de la fertile contrée qui nous environne.

SPÉCIMENS DE CULTURES.

Un vaste terrain, au centre de l'île de Billancourt, était consacré aux expériences ayant pour objet le travail du sol avec les divers instruments de culture que chacun pouvait expérimenter; il avait aussi été mis à la disposition des agriculteurs qui avaient désiré y installer des spécimens de cultures.

Les spécimens étaient de deux sortes : les uns pouvaient être considérés comme des méthodes de cultures générales; les autres avaient trait à des cultures spéciales.

Parmi les premiers, celui auquel le nom de son auteur, M. Decrombèque de Lens, donnait le plus d'autorité, était celui désigné sous le nom de *Culture en Billons*. Sans entrer dans le détail des résultats comparatifs obtenus par ce retour aux anciennes pratiques culturales, je dirai que si le billonnage est pour M. Decrombèque, une méthode nouvelle et dont les expériences directes paraissent faire ressortir la valeur, pour nous que nos progrès agricoles n'avaient pas encore éloignés, d'une manière générale, d'une pratique suivie par nos pères, les essais de M. Decrombèque auront pour résultat de nous tenir en méfiance contre la tendance qui nous portait à élargir chaque jour la dimension de nos sillons et à nous rapprocher de la culture à plat.

Auprès de M. Decrombèque, quelques autres agriculteurs avaient essayé de présenter au public la reproduction des méthodes de cultures usitées sur leurs domaines.

Les cultures spéciales consistaient en un grand nombre de planches, où étaient cultivées, selon diverses méthodes et par des procédés très variés, à peu près toutes les plantes que produit notre agriculture. Les spécimens de viticulture étaient les plus nombreux.

Je dirai, pour m'excuser de ne pas m'arrêter plus longtemps sur cette partie de l'Exposition, que la plupart des méthodes préconisées s'adressaient à des contrées où la culture intensive peut avoir sa raison d'être ; son utilité n'est pas encore bien démontrée pour notre sol et sous notre climat.

ENGRAIS.

A toute exposition agricole, les engrais provoquent, avec raison, la méfiance du visiteur, à tel point que nous avons vu dans bien des circonstances les membres des jurys d'examen se refuser d'une manière absolue à l'appréciation des objets exposés dans cette catégorie. Il faut malheureusement le reconnaître, dans aucune des matières offertes à l'agriculture par le commerce et l'industrie, la fraude n'apparaît plus audacieuse et sous des apparences plus trompeuses.

Des échantillons de toutes les matières fertilisantes étaient exposés au Champ de Mars. Les engrais, on le sait, appartiennent à deux ordres de substances, minérales et organiques. Parmi les premières, les sels de phosphore, parmi les secondes, les combinaisons d'azote ont le plus d'importance. Ces dernières ont pour origine ordinaire les substances animales en décomposition, les autres proviennent en grande partie ou du noir animal, résidu des raffineries, ou d'os pulvérisés. Les roches phosphatées sont très rares ; leur traitement pour arriver à pouvoir les vendre aux agriculteurs à un état sous lequel ils puissent les utiliser, est long et douteux. Les travaux et les succès de M. de Molon à ce sujet sont connus de tous les savants et de tous les agriculteurs, ils ont été justement appréciés dans les échantillons qu'il avait exposés.

La fraude dans le commerce des engrais a été poussée si loin et d'une manière si générale, que beaucoup d'agriculteurs, pour éviter l'achat de substances justifiées par l'addition de corps inertes, emploient aujourd'hui pour engrais des matières d'une analyse facile, d'une composition invariable, des sels de potasse, des sels ammoniacaux par exemple, plutôt que les composés dans lesquels les sels existent.

Je citerai M. Decauville, lauréat de la prime d'honneur pour le département de Seine-et-Marne, et chez lequel, sur son domaine de Petit-Bourg, ont eu lieu les expériences de labourage à la vapeur. Le célèbre agriculteur emploie en grandes quantités le sulfate d'ammoniaque, qui remplace chez lui les engrais commerciaux.

Une enquête faite à Toulouse, il y a quatre ans, par les soins de la Société d'agriculture et sur la demande de son Excellence le ministre de l'agriculture, a permis de constater que notre département utilisait très peu d'engrais commerciaux. A l'exemple des poudrettes fécales, dont l'emploi est assez général dans les vallées des Pyrénées, les engrais que l'on recueille à Toulouse sous forme d'os, de chiffons, de laine, de résidus de toute nature, sont envoyés au dehors.

L'évaporation de la quantité d'eau, dans laquelle sont noyées une foule de matières fertilisantes, a toujours été un grand obstacle à l'utilisation de celles-ci. Les eaux vannes qui se perdent dans les égouts des villes, les liquides des fosses d'aisance, les résidus des distilleries sont dans ce cas et leur valeur serait représentée par des centaines de millions s'ils pouvaient être utilisés. Un fabricant français, M. Porion, est l'inventeur d'un appareil d'évaporation qui fonctionnait à Billancourt et qui, d'après les assertions et les calculs présentés par son auteur, permettrait de résoudre économiquement cette question, au grand avantage de l'agriculture et aussi de la salubrité publique. Ne pouvant apprécier la valeur de ces procédés, nous ne pouvons que faire des vœux pour leur réussite.

CONSTRUCTIONS RURALES.

AMÉNAGEMENTS D'INTÉRIEUR DE FERMES.

Des modèles et des plans de bâtiments ruraux, de fermes agricoles, et plus spécialement de bergeries, d'étables à bœufs, de loges à chevaux, etc., existaient en grand nombre, soit dans le parc du Champ-de-Mars, soit dans l'île de Billancourt. Leur étude pouvait-elle offrir quelque idée nouvelle au point de vue de notre agriculture locale? Je ne le pense pas; car, outre que, très-souvent, le luxe relatif de ces constructions excluait toute idée agricole, elles avaient le grand inconvénient d'être présentées à un point de vue de mœurs, d'usages locaux, de nécessités d'aménagements, d'appropriations de cultures, qui nous sont étrangers.

Notre contrée toute entière, le sud-ouest de la France, faisons ce pénible aveu, était si peu représenté à l'Exposition, que les enseignements qu'il aurait pu nous donner nous faisaient défaut et que ceux que nous avions sous les yeux représentaient une agriculture très-éloignée de la nôtre.

Le département de Seine-et-Marne avait installé au Champ-de-Mars une exposition de ses produits agricoles dans un bâtiment présenté comme spécimen de ferme. Il était construit d'une manière très-économique et réunissait cependant toutes les conditions désirables de solidité; son principal mérite consistait dans la forme et la légèreté de sa charpente; il était recouvert en ardoises et s'éloignait par là des conditions ordinaires de nos constructions rurales. On voyait aussi au Champ-de-Mars une métairie hollandaise : l'étude de ses divers aménagements présentait de l'intérêt, mais n'offrait aucune idée nouvelle dont l'application pût nous être utile.

M. Giot, agriculteur à Chevry (Seine-et-Marne), avait fait construire un modèle de ferme avec ses cours, ses dépendances diverses, écuries, étables, etc.; tout cet ensemble présentait, sur un plan réduit, une idée complète d'une ferme agricole de ce riche département. M. Giot avait, en outre, exposé un poulailler roulant, sorte de volière montée sur des roues, pour être conduite dans les champs. Une ferme de M. d'Havrincourt était représentée avec son parc à volailles, ses modèles d'abri pour les poulets, pour les chevaux au pâturage. On voyait à côté un pavillon dans lequel figurait l'installation nécessaire à l'éducation du ver à soie du chêne; divers systèmes de magnanerie pour le ver à soie du mûrier; un bâtiment figurant, aussi fidèlement que possible, les caves dans lesquelles acquiert des qualités si précieuses le célèbre fromage de Roquefort. On voyait plus loin des tonneaux, des foudres d'énormes dimensions. Tous ces objets, très-curieux à voir, présentaient tous aussi quelques caractères d'innovations utiles et pratiques, mais qu'il serait fort difficile d'analyser. On pourrait citer, entre autres, la métairie hollandaise comme un modèle de construction où se faisait sentir l'ordre, la propreté, le confortable intérieur dont le besoin est si prononcé dans les mœurs de la nation hollandaise.

Je ne terminerai pas sans faire part d'une observation. En examinant les modèles d'écuries, de loges à chevaux, qui n'étaient, pour la plupart, que des spécimens luxueux que l'agriculture ne peut utiliser, on pouvait remarquer, dans beaucoup d'entre eux, la substitution d'une mangeoire profonde à l'ancien râtelier usité jusqu'à nos jours d'une manière à peu près exclusive, pour déposer la ration de foin ou de paille des chevaux. J'ai adopté, depuis ma visite à l'Exposition, ce mode de construction pour une vaste écurie ; je n'ai qu'à me louer de cette innovation.

OBJETS DIVERS.

BOURRELLERIE, CHARRONNAGE.

Les produits de la bourrellerie, du charronnage et de quelques autres industries se rattachent indirectement à l'agriculture et rentreraient par cela même dans le cadre des objets soumis à mon examen.

Ces divers produits, tous remarquables par le fini du travail et le choix des matériaux employés à leur confection, étaient d'une appréciation difficile au point de vue des avantages que plusieurs d'entre eux pourraient offrir sur ceux en usage dans nos campagnes. Nos modes d'attelages pour les bœufs et les chevaux, la forme de nos chars agricoles ont leur raison d'être. Conseiller de s'en écarter serait téméraire. Tout ce que l'on a écrit contre le joug double de nos bœufs est certainement très fondé; malgré toutes les bonnes raisons de ses adversaires, sa simplicité et son bon marché l'ont toujours fait préférer.

Quant aux chars agricoles, je dirai, comme remarque générale, que les véhicules anglais se présentent sous des formes plus légères que les nôtres et qui n'excluent en rien une grande solidité. Le fer, comme dans les instruments de culture, se substitue de plus en plus au bois.

Permettez-moi, M. le Préfet, de terminer ce travail dans lequel j'ai essayé de m'inspirer des instructions que vous aviez bien voulu me transmettre, par l'expression d'un vœu.

Il est une science qui n'est pas agricole, il est vrai, mais dont la connaissance aurait une bien grande valeur pour diriger dans ses travaux l'agriculteur infatigable, mais trop souvent privé, par les intempéries, du fruit de ses rudes labeurs. Je veux parler de la météorologie. Les lois qui régissent les phénomènes atmosphériques sont, pour la plupart, inconnues. Leur étude doit asseoir sa base sur l'enregistrement d'un grand nombre de faits. Les points d'observations doivent être très nombreux. La météorologie est au nombre des sciences étudiées à Grignon; cette école d'agriculture nous présentait, dans le pavillon où elle avait installé son exposition spéciale, et sous le nom d'enregistreur météorologique, un instrument très complet, dû à M. l'ingénieur Salleron. Malgré le prix élevé de ces appareils, ne serait-il pas utile de multiplier ces moyens automatiques d'observation à l'abri de toute erreur et de toute distraction ou oubli ?

Le savant père Secchi, directeur de l'observatoire de Rome, dont les travaux sont connus du monde entier, avait envoyé à l'Exposition un météorographe qui est un vrai chef-d'œuvre de conception et d'exécution. Le jury lui a décerné un grand prix, autant pour récompenser son habile constructeur pour la vigueur et la précision de cet ingénieux appareil, qui fonctionne depuis sept ans au collége romain, que pour encourager l'étude d'une science si utile aux intérêts de l'agriculture.

Toulouse, le 10 mars 1868.

L. DE PAPUS.

INDUSTRIE.

Rapport de M. E. de PLANET,

MEMBRE DE L'ACADÉMIE DES SCIENCES, INSCRIPTIONS ET BELLES-LETTRES
ET DE LA CHAMBRE DE COMMERCE.

RAPPORT SUR L'INDUSTRIE.

L'Exposition universelle de 1867 restera pendant longtemps l'expression la plus vraie de l'admirable activité de notre époque, excitée et favorisée par les inventions, les découvertes qui se succèdent de toute part et dans toutes les directions ; elle traduisait fidèlement le mouvement irrésistible qui entraîne les nations policées dans la voie industrielle et l'amélioration morale des sociétés.

Pour donner une idée de ce développement inouï des forces productrices des peuples et des vastes proportions qu'il impose aujourd'hui aux concours internationaux, il suffit de rappeler : que la première Exposition industrielle, en 1798, ne couvrait qu'une surface de 23 mètres carrés.

L'Exposition de Londres, en 1851 (première Exposition universelle), occupait 88,027 mètres carrés. Notre Exposition de 1855 comptait 152,052 mètres carrés.

En 1862, la dernière Exposition de Londres couvrait un espace de 119,944 mètres carrés.

L'Exposition de 1867 occupait 417,520 mètres carrés au Champ-de-Mars; 225,000 mètres carrés à l'île de Billancourt ; en tout, 642,520 mètres carrés !

Malgré son étendue, qui était ainsi de plus de 64 hectares, l'Exposition n'a pu recevoir tous les industriels qui, de la France et des divers points du globe, avaient répondu à l'appel de la Commission impériale.

Le département de la Haute-Garonne n'a pas été un des moins atteints par cette nécessité de restreindre l'espace demandé ou de le refuser, qui s'est imposé aux organisateurs de ce concours, en présence du nombre toujours croissamt des demandes d'admission.

Plus de cent fabricants de Toulouse ou du département avaient manifesté le désir de trouver place pour leurs produits dans cette exhibition si longuement et si laborieusement préparée ; c'est à peine, disons-le à regret, si un sur dix ont eu l'heureuse chance de voir s'ouvrir pour eux les portes du Palais de l'Industrie, trop étroit encore, malgré sa colossale grandeur. Nous le regrettons d'autant plus, que l'industrie de notre département, bien qu'elle n'ait pas atteint encore tout le développement auquel elle a le droit de prétendre, n'en a pas moins une importance relative assez satisfaisante ; on en jugera par les chiffres qui suivent :

Le nombre total des industriels ou fabricants que possède le département de la Haute-Garonne est de 2,286. La valeur vénale des établissements qu'ils exploitent est de 22,099,700 francs. On y fabrique pour 85,688,800 fr. de produits, laissant un bénéfice net annuel de 5,682,100 fr. Le nombre des ouvriers des deux sexes qu'on y emploie est d'environ 15,000.

Les cours d'eau fournissent aux usines une force motrice équivalant à 7,665 chevaux-vapeur, et le vent 2,049 chevaux, soit, en tout, une force de 9,714 chevaux-vapeur, mettant en mouvement, savoir : l'eau, 1,165 ; le vent, 473 meules à blé ; ensemble : 1,638 meules, réduisant en farine 1,766,520 hectolitres de grain, valant moyennement 29,710,000 fr. ; 1,406 chevaux-vapeur, exclusivement empruntés à l'eau, servent à mettre en jeu : 107 scieries à bois et à marbre ; 3 cartonneries ; 2 souffleries de poil et bastissages de chapeaux de feutre ; 3 filatures de coton ; 2 fabriques d'essieux ; une fabrique de faux et de limes ; 2 fabriques de fer et d'acier ; 3 fonderies et ateliers de construction ; 2 menuiseries-mécaniques ; 10 minoteries ; 3 triturations de matières tinctoriales ; 3 fabriques de papier ; une fabrique de boutons et de peignes ; 2 fabriques de quincaillerie ; une tréfilerie et fabrique de pointes ; une fabrique de ressorts de voitures ; 6 établissements de tournage de bois ; une usine pour la fonderie et le laminage des cuivres ; 15 triturations de plâtre ; 14 foulons ; 52 filatures de laines et fabriques de drap ; 2 forges catalanes ; 2 déflochages de tissus ; 7 meules à vernis ; une fabrique de porcelaine; 16 pressoirs à huile; 2 moulins à tan; une amidonnerie par lavage; une vermicellerie et six fabriques de chocolat.

Ce simple exposé suffit pour faire comprendre l'intérêt qu'avait la Haute-Garonne à trouver pour son industrie une place plus large à l'Exposition internationale de 1867.

Disons-le, toutefois, un grand nombre ne regretteront peut-être pas de n'y avoir pas figuré, car sur les 42,237 exposants dont l'Exposition avait reçu les produits, beaucoup ont dû forcément accepter des emplacements peu favorables à la mise en relief des objets de leur industrie, et si le Jury a su en découvrir et en récompenser quelques-uns, plusieurs ont du moins perdu le bénéfice de la publicité que devaient leur procurer les sacrifices pécuniaires que leur exhibition leur avait imposés.

Ces préliminaires posés, nous allons aborder la question relative à l'ordre dans lequel ont été faites nos études de l'Exposition.

Il eût été peut-être avantageux, pour plus de clarté dans ce rapport, de suivre la classification officielle, c'est-à-dire d'examiner successivement au point de vue des intérêts de la Haute-Garonne, les 95 classes créées par le règlement général; mais cette énumération nous eût forcé à multiplier inutilement les titres et à étendre en pure perte le cadre de ce rapport. Il nous a semblé préférable, et cela conformément à l'opinion manifestée dans l'avis publié par la Commission impériale, d'adopter la division par groupes plus sommaire, sans doute, mais répondant néanmoins suffisamment à toutes les exigences de ce compte-rendu.

Sur les dix groupes dans lesquels se trouvent compris tous les produits ou les œuvres généralement exposés, six seulement ont été spécialement l'objet de notre examen; ce sont: les groupes II, III, IV, V, VI et X. Le groupe I, peinture et dessin, a été étudié par notre collègue, M. Garipuy, et les groupes VII, VIII et IX se rapportant à l'agriculture, ont fait l'objet de l'examen de nos deux autres collègues MM. le Dr Noulet et de Papus.

GROUPE II.

Le département de la Haute-Garonne était représenté dans ce groupe par un exposant de Toulouse, M. Martin, fabricant de pianos. Nos expositions quinquennales nous ont fait depuis longtemps apprécier la remarquable facture des pianos de M. Martin. La juste réputation dont jouissent les produits de cette maison, les honorables récompenses qu'elle a obtenues dans nos concours départementaux et à l'Exposition universelle de Londres, en 1862, nous dispensent de rien ajouter aux éloges qui lui ont été adressés. Le Jury international de l'Exposition universelle française, en 1867, a confirmé, de la manière la plus flatteuse, le mérite des pianos de M. Martin, en décernant à notre habile compatriote une médaille d'argent.

Indépendamment des instruments de musique, qui étaient nombreux, le groupe II renfermait la librairie et l'imprimerie, les objets de papeterie, le matériel des arts de la peinture et du dessin, les applications du dessin et de la plastique aux arts usuels, les épreuves et appareils de photographie, les appareils et instruments de l'art médical, les instruments de précision et le matériel de l'enseignement des sciences, les cartes et appareils de géographie et de cosmographie.

Les produits de la librairie et de l'imprimerie, qui figuraient dans ce groupe, permettaient de constater la supériorité de la France sur les autres pays, soit qu'il s'agisse d'éditions populaires à bon marché, soit qu'on demande à cette industrie des objets où l'art, le goût et le luxe dominent. Dans ce dernier cas l'exécution typographique française l'emporte sur toutes les autres et dans ces belles publications, l'art et surtout l'ornementation la plus délicate servent de cadre aux plus magnifiques illustrations.

Dans cette splendide collection des œuvres de la librairie et de l'imprimerie, on remarquait les livres de vulgarisation, tels que *le Monde de la mer*, *le Monde solaire*, *les Mines de métaux*, les principales œuvres de Molière et de Shakespeare, l'admirable édition des œuvres complètes de Saint-Simon ; *le Voyage autour du monde*, auquel ont collaboré un grand nombre d'artistes, tels que M. Bida, au talent correct et large, M. Bayard, dessinateur charmant ; le *Dictionnaire de la langue française*, de M. Littré, et le *Règne minéral*, publication ornée de planches coloriées avec un soin remarquable et une vérité saisissante.

Les livres, destinés à l'instruction des enfants, révèlent aussi un grand mouvement de vulgarisation, qui peut être considéré comme un progrès réel dans l'éducation.

Le *Magasin pittoresque*, cette publication si populaire, si utile et si instructive, à laquelle on doit les immenses progrès que la gravure sur bois a faits en France, attirait l'attention à côté du *Magasin des enfants*, charmante publication qui s'adresse à l'enfance, mais où l'homme fait trouve bien des choses qu'il ignore, et du *Dictionnaire de la conversation*, encyclopédie d'une incontestable utilité, on pourrait même dire indispensable.

Les beaux plans et les gravures technologiques, publiées dans *les Annales du génie civil*, *le Dictionnaire d'architecture*, de M. Violet-Leduc, *le Dictionnaire de l'architecture*, *la Monographie de Fontainebleau*, avec dessins de M. Pfuor, et *la Sainte-Chapelle de Paris*, défient toute rivalité et placent la France au premier rang pour les éditions artistiques.

Il est un fait qui mérite d'être signalé, c'est qu'au milieu de ces publications, la plupart somptueuses, on remarquait des livres courants exécutés sur machines avec une perfection qui laisse pressentir l'avenir réservé à l'emploi de ces dernières.

En résumé, depuis le simple opuscule de cinq centimes jusqu'aux livres du plus grand luxe, tout dans la composition, l'agencement des titres, dans les blancs, les marges, dans le choix heureux des caractères, dans la netteté de la nuance et la régularité de l'impression, révèle une habileté, une délicatesse de goût qui frappent.

La cartographie allemande si renommée avait, en 1867, une digne rivale à l'Exposition de Paris ; le tableau des principales formes graphiques, employées par les peuples anciens et modernes, y compris les hiéroglyphes égyptiens et la carte géologique, publiés par l'imprimerie impériale, placent aujourd'hui cet établissement au niveau des œuvres analogues du génie allemand ; ses livres, ses cartes, ses magnifiques caractères, ses curieux électrotypes, sont la réalisation de tout ce qui pouvait être exposé de plus parfait en matière de librairie et de typographie.

La lithographie, la chromo-lithographie méritaient encore à la France le premier rang dans ces vitrines splendides et rappelaient tout ce que la vulgarisation de l'art doit à cette précieuse industrie.

Nous avons vivement regretté de ne pas voir parmi ces produits ceux de la librairie et de la typographie toulousaine ; de belles œuvres eussent été dignes d'y figurer et notamment *le Traité de physique*, de notre éminent collègue, M. Daguin. Sorti des presses de MM. Bonnal et Gibrac, ce magnifique ouvrage, qui se distingue également par la beauté de son exécution typographique, l'eût emporté sur bien d'autres que nous avons vus, à juste titre, récompensés. C'eût été un honneur pour Toulouse qu'un pareil triomphe. Notre regret a été d'autant plus vif de constater l'absence de la librairie et de l'imprimerie à l'Exposition, que nous leur devons un grand nombre d'excellentes éditions, et que nous avons vu bien souvent la typographie toulousaine occuper des presses au profit des libraires de la capitale.

Dans ce même groupe que nous examinons, nous trouvons la papeterie et les nombreux produits auxquelles elle fournit la matière première. Là figurent les papiers fabriqués avec le bois défilé et dans lesquels celui-ci entre parfois dans la proportion de plus de 50 pour cent. Ces papiers ne sauraient pénétrer dans la consommation de luxe, mais ils seront très utiles au commerce qui en emploie aujourd'hui des quantités énormes ; disons-en de même des papiers en racine de grande luzerne, exposés par M. Caminade, d'Orléans, invention toute nouvelle et qui permettra d'utiliser un produit agricole que bien souvent on brûle. Les registres, les cartonnages nous rappellent qu'à Toulouse nous avons d'excellents fabricants en ce genre et que, sous ce rapport, notre ville peut se suffire à elle-même.

Les appareils et instruments de l'art médical étaient nombreux à l'Exposition. La belle vitrine de notre habile bandagiste herniaire, M. Badin, n'y figurait pas, non plus que les excellents produits qu'elle renfermait. Tous ceux qui connaissent sa supériorité dans les diverses branches de son art, s'en sont, avec juste raison, étonnés et ont vivement regretté avec nous, sinon l'exclusion de ses appareils, du moins les dures conditions qui lui avaient été imposées et qui ne lui ont pas permis de les envoyer à ce concours.

Les instruments de chirurgie de toute sorte, le matériel des ambulances et secours aux blessés, les appareils de prothèse buccale et dentaire tenaient une large place dans cette section. Les instruments de chirurgie et de chirurgie vétérinaire, les premiers surtout, étaient remarquables au point de vue de la finesse de l'acier, attestée par son brillant poli, et au point de vue aussi de la pureté des autres métaux qui lui sont parfois associés.

La classification adoptée avait fait placer à côté des instruments qui précèdent, ceux de précision et le matériel de l'enseignement des sciences. Nous avons principalement remarqué dans cette magnifique exhibition les baromètres anéroïdes de Breguet, les machines pneumatiques à mercure de Thénard, le météréographe du P. Secchi, les théodolites de Pistor et Martins, de Berlin, les microscopes de M. Nachet, de Paris, les appareils de Ruhmkorff, pour l'étude de l'électricité, avec leur gigantesque bobine, où s'enroulent 150 mille mètres de fil de laiton et qui produisent des étincelles électriques longues d'un demi-mètre. Tous les instruments d'astronomie, de physique, de météorologie, de barométrie, de géodésie, d'hydrographie, de télégraphie, etc., etc., offraient cette perfection d'exécution que permettent l'habileté de nos ouvriers et l'emploi de machines dont la précision a été poussée jusqu'aux dernières limites du possible depuis M. Froment, qui faisait servir, comme on sait, un moteur électrique à l'exécution de ses divisions.

Dans le matériel de l'enseignement des sciences, on voyait, avec un vif intérêt, les pièces d'anatomie clastique, du docteur Auzoux, de Paris, les remarquables injections anatomiques du docteur Joseph Hyrtl, de Vienne (Autriche), des modèles très propres à l'enseignement de la mécanique, par M. Schræder de

Darmstadt (Hesse), des objets de minéralogie et de paléontologie, scientifiquement classés par M. Krantz, de Bonn (Prusse), un tableau des Bolides, par M. Coulvier-Gravier, de Paris; une belle collection d'histoire naturelle, exposée par la chambre des arts et manufactures de Toronto (Canada). Un planétaire, qui nous a frappé par son exactitude et son utilité pour l'enseignement à ce point de vue, est celui de M. Barlow, de Lexington, Kentucky (Etats-Unis d'Amérique).

Dans cet appareil, le soleil tourne au centre et les planètes Mercure et Vénus, qui se meuvent autour de lui dans leur orbite elliptique, forment, avec celui de la terre, le premier, un angle de 7° et le second, un angle de 3° 30. L'accroissement ou la diminution de vitesse qui se manifeste dans le mouvement de ces planètes, lorsqu'elles approchent du périhélie ou de l'aphélie de leur orbite, est parfaitement observé. La terre se meut autour du soleil dans son orbite elliptique incliné de 23° 30 sur le plan de l'écliptique en faisant, dans sa course annuelle, 365° 74 révolutions autour de son axe, qui reste toujours perpendiculaire au plan de son orbite; elle est entourée d'un cercle, situé dans le plan de l'écliptique, d'un autre situé dans le plan du méridien, et un troisième se trouvant dans le même plan que la ligne de démarcation, entre la partie éclairée et celle qui ne l'est pas. Ces trois cercles se trouvent toujours dans leur position exacte par rapport au soleil, et ils permettent aux professeurs de démontrer aux élèves les phénomènes des saisons, de la durée variable des jours et des nuits, etc., etc., avec une exactitude parfaite. Les mouvements particuliers de la lune au Nord et au Sud de l'équateur, ainsi que ses apsides, la précession de ses nœuds, etc., sont très fidèlement représentés. Tous ces mouvements s'exécutent avec facilité et sont accusés par deux aiguilles indicatrices placées sur un double cadran, de telle sorte que la portion des différentes planètes, quelle que soit la durée de leur année, peut être connue pour le temps passé, pour le temps présent et pour les temps futurs. L'année de Mercure de 87 jours et celle de Vénus de 224, prises pour exemple, donnent, à l'aide de ce planétaire, des résultats parfaitement exacts.

Le prix de cet appareil (1,000 fr.) n'est pas élevé et nous ne doutons pas qu'il ne fût adopté avec fruit par les lycées et les colléges, comme il l'a été en Amérique.

Les cartes géographiques, géologiques, ethnographiques, topographiques et hydrographiques, formaient une très belle et très intéressante collection; les cartes en relief surtout, dont le nombre était grand, présentaient une exécution remarquable. Nous avons vu figurer avec satisfaction dans cette collection de cartes diverses, l'atlas physique et statistique du département de l'Aveyron, par M. Boisse, ingénieur à Rodez, et la carte géologique et minéralogique de l'Ariège, par MM. François et Mussy. Enfin au premier rang figuraient la carte géologique détaillée de la France, comprenant la partie nord et nord-est du territoire de l'Empire, par M. Elie de Beaumont, et les cartes topographiques minutes, dessins réduits et reproductions galvanoplastiques avec l'atlas de Crimée, de Chine et d'Italie, du *Dépôt de la guerre.* (Etablissement public français.)

La magnifique exécution des cartes qui sont passées sous nos yeux, l'intérêt qui s'y rattache au point de vue scientifique et à celui de l'enseignement, nous ont fait éprouver le regret de ne point voir figurer parmi elles la carte géologique de la Haute-Garonne dont les éléments ont été si longuement et si laborieusement préparés par notre savant confrère M. Leymerie.

Avant de quitter le groupe II, nous ne voulons pas omettre de mentionner un établissement digne d'attention, non seulement au point de vue de son importance, mais encore à celui de son organisation ouvrière qui peut être considérée comme un modèle : nous voulons parler de l'imprimerie de M. Paul Dupont, à Paris.

Cette maison dont les travaux comprennent l'imprimerie, la lithographie, la librairie, a créé en France, il y a près d'un demi siècle, l'imprimerie administrative qui forme toujours la branche la plus importante de sa vaste exploitation. Elle se compose d'un établissement à Paris et d'une succursale à Clichy, elle occupe un personnel de 120 employés et 1200 ouvriers, 45 mécaniques à vapeur, 30 presses typographiques à bras, 10 presses mécaniques lithographiques à vapeur, 10 presses lithographiques à bras, 6 presses hydrauliques pour le satinage, 2 machines à sécher le papier par la vapeur et 15 presses à copier. Il s'imprime dans l'établissement 30 millions de feuilles par année ; le nombre de ses clients dépasse 150,000 ; son matériel en caractères, planches conservées et presses mécaniques, est estimé à 2 millions de francs ; le chiffre de ses affaires s'élève par an à plusieurs millions.

Des institutions d'un caractère spécial distinguent, en outre, cet établissement : logements à bon marché, bains, école, ouvroir, bibliothèque, orphéon, société de secours mutuels, soins du médecin et médicaments gratuits, caisse de retraite, enfin, participation des ouvriers aux bénéfices annuels de la maison.

Nous n'avons pas besoin de faire ressortir l'importance de cette intelligente organisation au point de vue moral et économique, elle se recommande d'elle-même à tous ceux qui cherchent la solution de la question de l'amélioration des masses par l'association du travail et du capital.

GROUPE III.

Nous trouvons dans ce groupe les meubles de luxe, les ouvrages de tapisserie et de décoration; les cristaux, la verrerie de luxe et les vitraux ; la porcelaine, la faïence et les poteries de luxe ; les tapis, la tapisserie et autres tissus d'ameublement ; les papiers peints, la coutellerie, l'orfévrerie, les bronzes d'art, les fontes d'art diverses, les objets en métaux repoussés, l'horlogerie, les appareils de chauffage et d'éclairage, la parfumerie, les objets de maroquinerie, de tabletterie, de vannerie.

Toulouse était représenté dans ce groupe par trois exposants auxquels ont été décernées d'honorables récompenses. Ce sont M. Victor Gesta et M. Paul Chalons, pour les vitraux ; M. Fouque jeune, pour peinture et gravure sur porcelaine.

Disons tout d'abord que les vitraux de MM. Gesta et Chalons, avaient été placés dans les conditions les plus défavorables et les moins propres à faire ressortir leur mérite. Les vitraux de M. Gesta, éclairés des deux côtés, se voyaient privés de tout moyen d'appréciation, placés, en outre, dans un passage conduisant à des cafés-concerts ou à des restaurants ils étaient peu vus ou très mal vus. L'Exposition était, au reste, assez mal disposée pour ces sortes d'exhibitions, et tel fabricant qui n'avait pas voulu accepter les emplacements offerts a dû dépenser près de vingt mille francs pour placer convenablement ses vitraux. Dispersés dans le palais, les autres échappaient bien souvent aux recherches les plus minutieuses.

Cette industrie avait envoyé à l'Exposition une grande quantité de vitres et de vitraux, les premiers destinés aux appartements, les seconds aux églises. Les progrès accomplis à notre époque dans cette branche intéressante de l'art industriel, placent aujourd'hui le vitrail au rang des plus magnifiques décorations architecturales.

Nous avons remarqué parmi les objets exposés, des images photographiques à l'or pur, vitrifiées comme les porcelaines de Sèvres; des images photographiques reproduites par l'impression aux encres grasses, par le procédé désigné sous le nom de *phototypie*, dû à MM. Tessié du Motay et R. Maréchal de Metz; enfin des images photographiques vitrifiées, inaltérables comme la peinture sur verre.

La facilité que donne ce nouveau procédé de reproduire des portraits, des gravures, des paysages, pour les faire servir à l'ornementation des habitations, est, on peut le dire, une des plus précieuses conquêtes de l'art industriel moderne.

La fabrication des vitraux si peu importante à Toulouse, il y a à peine quelques années, en produit aujourd'hui pour plus de trois cent mille francs. Un seul établissement, celui de M. Gesta, occupe environ 100 personnes des deux sexes, parmi lesquelles un grand nombre de jeunes artistes trouvent là le moyen d'exercer fructueusement leur talent. Le bel et grand atelier que Toulouse doit à l'intelligente initiative de ce fabricant, est un de ceux dont notre ville doit se montrer le plus fière. En lui décernant un deuxième prix (la médaille d'argent étant la récompense la plus élevée attribuée à cette spécialité de produits) le jury n'a fait que confirmer l'estime que lui ont valu ses nombreux succès jusqu'à ce jour. Tout le monde, à Toulouse, a vu, avant leur départ pour Paris, les deux belles verrières représentant l'une le dogme de l'*Immaculée Conception*, l'autre l'entrée de Louis XI dans notre ville en 1462, et chacun est resté convaincu de leur mérite artistique et de leur parfaite exécution industrielle.

M. Paul Chalons est un artiste distingué et plein d'avenir. Son établissement est en grande voie de prospérité; il était représenté à l'Exposition par de beaux vitraux; comme ceux de M. Gesta, ils ont été appréciés, à Toulouse et à Paris, de la manière la plus flatteuse pour le talent de ce jeune artiste.

Les porcelaines abondaient dans le groupe que nous parcourons. La salle qu'elles ornaient était bien la plus belle de l'Exposition. Nous y avons vu les produits de la maison Gustave Fouque de Toulouse. Hâtons-nous de dire qu'ils sont la preuve que cet habile fabricant traite aujourd'hui avec un égal succès, la peinture, la dorure, les impressions chromolithographiques sur porcelaine, sur faïence, sur cristal et sur verre. Sous le nom de *porcelaine orfévrerie*, M. Fouque avait exposé un produit entièrement nouveau, dans les spécimens duquel figuraient un plateau rond avec gravure chimique, décoré aux armes de Toulouse, et deux grands vases (fond bleu mat avec encadrement) ornés d'une bordure et de semis de rosaces en or gravé. Le directeur actuel des ateliers, M. Charles Fouque, est arrivé en se servant de l'acide fluorhydrique, à graver mécaniquement sur porcelaine à un bon marché que seul peut réaliser son procédé; aussi s'en sert-il avec avantage pour graver et recouvrir ensuite d'or ou d'argent bruni, des pièces d'ornementation et d'usage domestique, gracieuses de forme et d'une grande délicatesse de dessin. Mais disons tout de suite, pour justifier ces mérites, que c'est dans notre excellente École des Beaux-Arts que M. Fouque a le bon esprit d'aller chercher ses artistes; c'est ainsi qu'il a pu assurer le succès de l'application qu'il a faite de l'art industriel à sa fabrication.

Le département de la Haute-Garonne possède à Valentine, près de Saint-Gaudens, une grande manufacture de porcelaine occupant ou pouvant occuper 200 ouvriers. Cet établissement, devenu aujourd'hui la propriété d'une compagnie anglaise, n'a pas encore reçu tout le développement que lui assurent sa position et les richesses kaoliniques qui l'entourent. Avec ses quatre moteurs de 40 chevaux, la production peut être portée à un chiffre élevé, car déjà elle a eu atteint jusqu'à 300,000 francs.

Nous voudrions pouvoir décrire ces belles porcelaines de Sèvres qui sont passées sous nos yeux et qui résument toutes les magnificences de l'art, toutes les splendeurs de l'industrie décorative, mais telle n'est pas notre mission.

Les produits de Limoges nous ont confirmé dans cette conviction, que c'est toujours le bienfait des écoles ouvrières qui élève le niveau de l'art et épure le goût. Des fabricants intelligents ont fondé des cours, et non-seulement des cours de dessin, mais des cours de grammaire, de calcul, de sciences, et comme toujours la noble semence a fructifié. Ces ouvriers déjà si habiles dans l'exécution ne tarderont pas à devenir célèbres par leur conception artistique, c'est du moins ce que font pressentir les progrès déjà accomplis à Limoges dans cette branche de la céramique.

La Haute-Garonne a plusieurs fabriques de faïence et de poterie. Leurs produits manquant à l'Exposition, nous ne saurions donc en rien dire, sinon qu'ils ont depuis longtemps été acceptés dans une proportion assez large.

On trouvait dans cette catégorie de produits des objets de luxe d'un prix très élevé, et, à côté, des assiettes ou des vases décorés d'un bon marché qui étonnerait si l'on ne savait que le dessin de ces dernières pièces n'est pas fait à la main ; il est imprimé en opérant de la manière suivante : on lithographie sur du papier le dessin que l'on veut tracer, sur une assiette par exemple, avec l'encre colorée que l'on a choisie ; l'on applique la feuille de papier sur l'assiette et on l'envoie au four. Le papier est brûlé, l'encre reste en conservant le dessin intact. Par ce procédé la fabrication de ces assiettes est très rapide et peu coûteuse.

Aux murs de ces brillants pavillons où resplendissaient les cristaux, les porcelaines décorées, les riches spécimens de l'orfèvrerie française et étrangère, étaient appendues les superbes tapisseries des Gobelins, de Beauvais, puis venait la série des tapis moquettes épinglés, veloutés ; les tapis de feutre, de drap, de tontisse de soie ; les tapis de sparterie ; les nattes et les tapis de caoutchouc ; les tissus d'ameublement de coton, de laine, de soie ou de crin, unis ou façonnés; les cuirs végétaux, moleskines, etc. ; les cuirs de tenture et d'ameublement, unis ou frappés d'or.

Le mode de fabrication de ces différents objets permet d'émettre cette opinion que certains pourraient avec avantage être fabriqués à Toulouse; déjà, une maison de notre ville fabrique depuis longtemps, on le sait, les tissus d'ameublement qui, à l'Exposition universelle de 1855, obtinrent une honorable récompense.

Nous en dirons autant des papiers peints de Toulouse qui, pour certaines qualités, rivalisent avec tous les autres, et leur sont quelquefois supérieurs.

Parmi les appareils de chauffage, nous n'avons rien de nouveau à signaler. Les modifications apportées dans ce genre d'industrie sont à peine sensibles.

GROUPE IV.

Ici nous trouvons les fils et tissus de coton, de soie, de lin, de chanvre, de laine peignée et de laine cardée, les châles, les dentelles, les tulles, les broderies et les passementeries, les confections de vêtements d'hommes, pour femmes, les chaussures, les chapeaux de feutre, de paille, les cheveux, les fleurs, la joaillerie et la bijouterie, les armes portatives, les objets de voyage et de campement, la bimbeloterie.

Trois exposants de la Haute-Garonne ont envoyé leurs produits appartenant à ce groupe. Ce sont MM. Fort, filateur de coton, Lapersonne et Thomas, fabricants de dentelles à Toulouse, et Luscan, à Blajan, fabricant de toiles à bluter.

Notre département exploite la majeure partie des industries que nous venons de signaler, et quel que soit le mérite incontestable des exposants qui l'ont représenté, nous ne pouvons nous empêcher de déplorer que le nombre n'en ait pas été plus grand, et surtout en rapport avec notre importance industrielle.

Si nous faisons, en effet, le relevé du chiffre de la production de chacune des fabriques, dont les produits eussent dû venir se grouper dans cette section, nous trouvons que le chiffre total de leur production s'élève à près de 10 millions de francs!

Si les filatures de coton de Toulouse n'ont pas l'importance des vastes usines du Nord et de l'Alsace, elles sont du moins pourvues des meilleures machines qui existent en France et en Angleterre, la terre classique du coton. Ce sont, en effet, les premières fabriques de ce pays qui ont fourni à nos ateliers la plupart de celles qui y sont mises en action. Serait-ce pour cela? Serait-ce parce que ses cotons moulinés n'avaient de rivaux dans aucune nation, que M. Fort jeune n'a pas eu de récompense, ou plutôt serait-ce parce que ces produits sont restés inaperçus? Ceci est plus probable. Dans ce concours si vaste et si prodigieusement rempli, il ne saurait être permis à un seul visiteur d'affirmer qu'il a tout vu; malheur à celui dont la modeste vitrine de 50 centimètres carré, coûtant fort cher néanmoins, se trouvait dans le voisinage de ces immenses boîtes architecturales peintes ou vernies avec luxe et portant au fronton en lettres d'or le nom plus ou moins retentissant du fabricant; le premier était éclipsé. Quoi qu'il en soit, disons que pour tout visiteur sérieux et ne s'arrêtant pas uniquement à l'étiquette, les produits de M. Fort jeune tenaient dignement leur place à l'Exposition de Paris.

Plus heureux, MM. Lapersonne et Thomas, pour leurs dentelles, et M. Luscan, de Blajan, pour ses tissus à bluter, ont été distingués et récompensés par le jury. C'était justice. M. Luscan est un de nos meilleurs et plus anciens fabricants de Zurichs; son établissement occupe un très grand nombre d'ouvriers et est exploité par lui avec une très grande intelligence de sa spécialité.

Le jury international a su également apprécier les dentelles de MM. Lapersonne et Thomas; la qualité de fabricants qui, à notre grand regret, leur avait été contestée à Toulouse, leur a été reconnue, au contraire, à Paris d'une manière éclatante, par l'octroi d'une honorable récompense à laquelle nous avons vivement applaudi.

Nous avons remarqué plus d'une fois en parcourant les divers groupes dont nous avons eu à examiner les produits, que, malgré sa production d'environ 86 millions de francs, il y avait place encore dans notre département pour un grand nombre d'industries qui lui manquent ou qui n'y ont pas atteint tout le développement dont elles sont susceptibles.

Toulouse figure dans ce chiffre pour 55,000,000 de francs,

c'est-à-dire pour presque le tiers de sa consommation ou de son commerce en objets fabriqués de toute sorte, dont la valeur est de 145 millions de francs, d'après un relevé de chiffres fournis par la vente au dehors, ou la consommation intérieure.

Notre ville serait donc encore tributaire de l'industrie foraine pour une somme de 90 millions de francs.

Parmi les industries de ce groupe inexploitées à Toulouse, figure la draperie, donnant lieu pour tout le département à un commerce de 8 millions environ, sur lesquels les 48 établissements de l'arrondissement de Saint-Gaudens fournissent à peu près le quart. Or, Toulouse, on le voit, n'a aucune fabrique de draps ; cela est regrettable, une semblable industrie y prospérerait. Ses foires importantes offriraient un débouché commode et avantageux aux produits. Nos laines sont d'excellente qualité, et c'est sur le marché même de Toulouse qu'on vient les chercher pour les élaborer ailleurs. Les tissus de soie de coton et de lin figurent pour près de 8 millions dans le chiffre de notre consommation ou de nos ventes et à environ 12 millions si nous y ajoutons les fils de soie, de coton, de laine, de lin et de chanvre. Quelle source de richesse pour Toulouse, si l'on savait voir tout ce qu'il est possible de faire pour implanter chez nous ces branches importantes de la production industrielle, ou pour y développer les germes qui, jusqu'ici, n'ont fait qu'y végéter à peine ! La fabrication des laines peignées, brillante industrie, si fructueuse et de laquelle dérive la bonneterie de laine ordinaire et de luxe, cette variété infinie d'étoffes razes qui appellent à leur tour la teinture, les impressions, les apprêts ; tout cela est possible chez nous, car dans une foule de spécialités nous avons fait bien plus.

La confection des vêtements d'homme et de femme, celle de la chaussure, de la lingerie, de la chapellerie, sont devenues aujourd'hui des industries importantes. Nous produisons de ces confections pour un chiffre considérable. Mais le dehors profite encore dans une trop large proportion de la place que nous lui laissons, alors que nous avons sur lui tous les avantages. Pour ces diverses industries, l'exportation nous ouvre ses portes. Quelques fabricants ont su le reconnaître, mais combien d'autres semblent l'ignorer et subissent une concurrence contre laquelle ils pourraient si avantageusement lutter.

C'est surtout à l'Exposition universelle qu'il nous a été possible de nous convaincre de cette vérité.

Malheureusement, les capitaux ont pris chez nous une direction qui ne semble pas devoir changer de longtemps. Une seule industrie les absorbe, soit en France soit à l'étranger, au moyen de l'immense faculté qu'elle donne de les mobiliser et par l'appât des gros intérêts. Mais ces placements, qui n'obligent à aucune fatigue, à aucune initiative personnelle, à aucun soin, à rien en un mot de cette activité physique et intellectuelle qui s'imposent à l'industriel, ont aussi leurs désastres. Puissent ces cruelles épreuves rappeler à ceux qui en ont été les victimes qu'avec ces millions perdus ils eussent accru la richesse générale de notre cité et la leur propre, procuré du travail à de nombreux ouvriers, et contribué à la prospérité et à la gloire de leur pays !

GROUPE V.

Ce groupe, l'un des plus importants de l'Exposition universelle, offrait à notre examen les produits de l'exploitation des mines et de la métallurgie ; le produit des exploitations et des industries forestières ; les produits de la chasse, de la pêche et des cueillettes ; les produits chimiques et pharmaceutiques ; les cuirs et les peaux.

L'industrie de la Haute-Garonne était représentée, dans ce groupe, par les magnifiques produits de la fonderie et du laminage du cuivre, exposés par MM. Mather père et fils de Toulouse.

La médaille d'or accordée à ces exposants par le jury international, dit mieux que nous ne pourrions le faire le mérite industriel de cette importante maison. Son exposition se composait d'une belle et grande coupole à bords rabattus, de 12 centimètres, de lingots de cuivre *rosette* du Chili, de feuilles de cuivre, dont une de 4^{m} 50 de longueur sur 2^{m} de largeur, de cuivres emboutis et de rivets pour le doublage en cuivre des navires de guerre. La supériorité de ces produits se manifeste par la pureté du métal, la perfection du laminage, toutes choses dues à une intelligente et habile direction et à un puissant outillage.

Source et origine de toutes les conquêtes de l'homme sur la nature, les mines et la métallurgie occupent de droit le premier rang dans les grandes manifestations du travail humain, auxquelles nous font assister les expositions périodiques internationales. Parmi les industries que l'on pourrait appeler primordiales, parce qu'elles nous retracent l'histoire des peuples, les mobiles de leur existence, nous initient à leur origine, nous aident à suivre les diverses phases de leurs transformations et nous éclairent sur les causes de leur supériorité, de l'étendue de leur commerce et de leur opulence, il en est peu qui figurassent au Champ de Mars aussi largement que la métallurgie, et qui représentent avec plus d'éclat les progrès de l'humanité.

Depuis l'Exposition universelle de 1862, l'industrie métallurgique n'a pas cessé de grandir, elle a marché à pas de géant, rien ne l'arrête plus, le succès de ses tentatives a donné raison à toutes ses hardiesses. Illimitée en quelque sorte, sa puissance productive s'est accrue de l'amélioration, de la simplification de ses méthodes de traitement, de l'extension et du remarquable perfectionnement de son gigantesque outillage, dont la majestueuse et énergique action se mesure aux travaux cyclopéens qu'il accomplit. Liée désormais à tous les problèmes industriels, la fabrication des métaux exerce inévitablement son influence sur toutes les branches du travail. C'est dans les perfectionnements de la métallurgie que le génie civil, les sciences d'application, l'art militaire, l'art naval, les travaux publics cherchent et trouvent la réalisation de leurs conceptions, et les éléments de leur force ; c'est enfin dans l'emploi des métaux, dans leurs combinaisons si variées, que les grandes industries découvrent le principe de leur action et le secret de leur grandeur, et que toutes les sociétés modernes trouvent le gage assuré de leur puissance politique et commerciale. Et ce n'est pas seulement par la production vraiment grandiose des métaux usuels que s'affirme le génie de l'époque moderne ; c'est encore par celle de tous ces métaux autrefois inconnus, aluminium, potassium, sodium, magnésium, etc., qui, tous, trouvent leur emploi dans les arts et la science, et dont l'Exposition offrait de remarquables spécimens.

De tous les métaux, le cuivre est le plus anciennement connu, et si l'on réfléchit aux difficultés que l'on éprouve encore pour l'amener à l'état de pureté parfaite, il est impossible de ne pas admettre que les fondeurs des côtes d'Asie, de l'Etrurie, etc., avaient acquis sinon des connaissances très étendues des réactions chimiques qui se passaient dans leurs foyers, du moins une pratique très délicate des méthodes que le développement graduel des arts et de l'industrie pouvait seul leur permettre d'atteindre. A défaut de la science qui a rendu à nos métallurgistes les phénomènes de la fusion plus familiers et leur évite tant de tâtonnements stériles, ils avaient l'observation pour les instruire et, comme cela a lieu pour la fabrication du fer dans les foyers catalans, les routines du métier pour les diriger. Mais comme les minerais de cuivre ne renferment presque jamais un seul et même métal, il est à croire qu'à l'origine et pendant longtemps, le cuivre n'a pu s'obtenir qu'à l'état d'alliage, ici sous le nom d'*æs*, là sous celui de χαλκός que lui donnaient les Romains et les Grecs. Mais quelle qu'ait été sa nature, seul ou mélangé d'étain, de zinc, là le cuivre servait aux usages divers, auxquels nous l'avons appliqué à notre tour.

La progression qui se manifeste de toutes parts dans l'industrie sidérurgique, s'accuse également dans la fabrication du cuivre; elle a suivi l'impulsion des autres branches de la métallurgie. La production, qui était à peine de 50,000 tonnes en 1846, dépasse aujourd'hui 95,000 tonnes et paraît devoir s'élever encore. L'exposition de ce métal était magnifique. Tous les minerais y figuraient. Le cuivre natif, si rare excepté dans l'Oural, était représenté par de beaux échantillons. Les minerais oxydés, tels que l'oxydule, l'oxyde noir, les silicates et les carbonates étaient nombreux. Le Chili et le Pérou avaient envoyé des spécimens de leurs cuivres oxydulés, généralement associés, comme on sait, à des carbonates et à des sulfures. La Saxe, la Suède, la Toscane (mines de Monte-Cattini), l'Algérie et l'Australie avaient exposé leur cuivre sulfuré, l'un des minerais les plus riches qui existent; la Sibérie et l'Australie, de beaux carbonates hydratés de cuivre ou malachite. Puis venait la nombreuse série des cuivres pyriteux, le plus commun de tous les minerais, et les eaux chargées artificiellement de sulfate de cuivre, ou provenant d'anciennes mines exploitées; eaux qui ont suggéré l'idée du traitement par *voie humide* de certains minerais très pauvres, et de divers résidus cuivreux des usines, toutes matières qu'on ne parviendrait pas à utiliser autrement. La compagnie de Stadtberg en Westphalie fournissait un exemple intéressant de cette opération. On traite annuellement dans ses usines de 70 à 75,000 tonnes de minerais d'une teneur de 0,75 à 2 pour 100. Ceux-ci, les plus riches, sont attaqués par l'acide sulfurique, lessivés dans une dissolution aqueuse et précipités ensuite par un véhicule approprié, le fer; ils donnent du *cuivre de cémentation*, qui se réduit et se raffine par les méthodes habituelles. Les premiers, de beaucoup plus abondants, sont traités par l'acide hydrochlorique, mélangé des eaux même de sulfate de fer, dont on précipite le cuivre, passé à l'état d'oxyde, en faisant intervenir un courant d'air forcé sur les récipients.

Les procédés de traitement par voie humide, qu'on rencontre ailleurs, dérivent plus ou moins des méthodes pratiquées en Prusse; ils ne diffèrent entr'eux que par la conduite des manipulations ou par des modifications dans les moyens d'attaque et de précipitation, soit par le fer ou la fonte, soit par la chaux ou d'autres substances peu coûteuses qui agissent, il est vrai, moins rapidement. Ils sont applicables sur la plupart des minerais, en particulier sur ceux à gangue siliceuse et très pauvres; ces minerais se rencontrent dans presque tous les pays, où ils constituent, en général, des gisements très étendus. Leur rôle considérable, dans la fabrication de l'acide sulfurique, leur donne, depuis quelques années, une importance réelle et explique la faveur qui semble s'attacher aux divers systèmes de traitement, permettant de tirer parti des matières cuivreuses les plus pauvres, et jusqu'au fer, que ces sortes de minerais renferment.

Les mines de Rio-Tinto et d'autres mines de la province de Huelva, Santo-Domingo, Tharsis entr'autres et celles de la province d'Aveira, en Portugal, qui forment la suite de ces immenses gisements, déjà connus à l'époque romaine, sont exploités très activement et fournissent à l'Angleterre le principal appoint de ses fabriques d'acide sulfurique. La quantité de minerais espagnols importés dans ce pays est telle, que des usines spéciales s'y sont construites pour l'extraction de la faible proportion de cuivre renfermé dans les résidus du traitement par acide. Les premières mines, qui appartiennent à l'État, traitent leurs minerais et les eaux chargées de cuivre qui s'écoulent des anciens travaux, par des méthodes de cémentation différant très peu des procédés que nous avons décrits plus haut. L'Administration espagnole a exposé un grand nombre d'échantillons de ces mines célèbres, avant et après leurs diverses transformations pendant la durée du traitement. Ils étaient accompagnés d'une série très intéressante des eaux cuprifères à divers degrés de saturation, de céments calcinés, de mattes et du métal raffiné dû à ces élaborations successives. L'Administration espagnole avait même complété son exposition, en joignant à ces produits des échantillons du combustible employé, les matériaux de construction des fours, et jusques à des débris de fonderie romaine, qui permettent de se faire une idée assez précise du travail de l'antiquité. Il est inutile de faire remarquer combien de semblables expositions portent avec elles d'enseignements et apprennent ce qui pourrait s'entreprendre ailleurs, dans les contrées dotées des mêmes éléments.

La Suède offrait une intéressante exhibition des spécimens variés de la fabrication d'Atvidaberg, avec les modèles de fours et l'assortiment des appareils métallurgiques consacrés au traitement par voie humide des minerais de cuivre pauvres et qui, comme ceux des mines de Fahlun, ne contiennent que 2 1/3 à 3 p. 100; minerais pouvant aussi très avantageusement être traités par la voie sèche.

Il peut être intéressant pour tous ceux qui ont vu la magnifique exposition du cuivre au Champ-de-Mars, de connaître la production de ce métal dans le monde entier; nous faisons donc connaître ce document se rapportant à l'année 1866 :

Angleterre		11,153 tonnes.
Russie		5,600
Suède et Norwège		2,850
Allemagne. — Empire d'Autriche	3,775	8,700
Prusse	3,500	
Saxe	370	
Hanovre	200	
Hesse et Nassau	355	
Divers	500	
France		2,500
Belgique		1,825
Espagne		975
Portugal		125
Italie, côtes d'Afrique et de la Méditerranée		850
Turquie d'Europe et d'Asie		2,000
Etats-Unis	14,435	53,743
République Argentine	1,095	
Nouvelle-Galles	2,000	
Australie	2,250	
Chili et Pérou	34,357	
Japon et Chine	2,700	
TOTAL		93,415 tonnes.

c'est-à-dire 93 millions 415 kilogrammes pouvant être représentées par un bloc massif de 22 mètres de côté de base sur 22 mètres de hauteur.

La Grande-Bretagne exporte annuellement de 28 à 30,000 tonnes de cuivre en lingots, mais ce chiffre résulte nécessairement du traitement des minerais importés de l'Amérique du Sud, Chili, Cuba, etc. et des autres pays, et dont le mélange avec les minerais indigènes est indispensable aux réactions de la méthode, usitée dans le pays de Galles, dite galloise.

On a évalué quelque part la production de la Prusse et de l'association allemande de 10 à 11,000 tonnes, et cela probablement parce qu'elles comprennent non-seulement la fabrication de toute l'Allemagne, mais encore les importations de la Grande-Bretagne, du Chili et des États-Unis qui se font par Hambourg et Brême.

La fabrication de la France et de la Belgique est basée sur le traitement des minerais riches du Chili, des mattes et l'affinage des cuivres noirs qu'elles reçoivent en partie d'Angleterre. La France retire à peine 100 tonnes de ses minerais. Ses principales usines d'élaboration sont situées dans la Seine, la Seine-Inférieure, l'Eure, le Pas-de-Calais, les Ardennes, la Charente, la Gironde et la Haute-Garonne (à Toulouse).

Dans les productions du Chili, de l'Australie et des Etats-Unis, etc., ne figurent ni les mattes, ni les cuivres argentifères, qui donnent lieu à des opérations spéciales; mais il faut en distraire les exportations de métal en lingots et de cuivre noir en France, en Belgique et dans l'Empire germanique, 4 à 5,000 tonnes environ; de sorte que l'on peut évaluer la production du globe à 95,000 tonnes, c'est-à-dire bien près du double de ce qu'elle était il y a vingt-cinq ans.

Un fait important est accusé par les documents que nous avons recueillis à l'Exposition, c'est que la Grande-Bretagne, qui fabriquait en 1846 de 28 à 30,000 tonnes en moyenne, n'en produit plus que 11,153, tandis que l'Amérique et l'Océanie, qui comptaient à peine dans la production générale, y figurent maintenant pour plus de 52,000 tonnes, chiffre qui tend à s'accroître tous les jours. Il est permis de conclure, en présence de l'abondance et de la richesse des gîtes cuprifères du Nouveau-Monde, et de l'appauvrissement graduel des mines du Cornwal, que l'Angleterre ne tardera pas à perdre, sous ce rapport, la prépondérance qu'elle avait sur le marché du monde.

Cette situation nouvelle a amené des changements notables dans la valeur commerciale des cuivres. La tonne de cuivre raffiné, qui a valu, en 1846, de 2,500 à 3,500 fr., s'est tenue, pendant ces dernières années, de 2,430 à 3,940 fr., et se règle à présent de 1,950 à 2,100 fr., après être tombée à 1750 fr. Il n'y aurait pas lieu d'être surpris, en présence des développements de la fabrication chilienne, de voir d'ici à peu de temps la tonne de cuivre descendre au prix de 1,600 à 1,800 fr.

Si nous nous sommes étendu aussi longuement sur la fabrication du cuivre, c'est qu'elle constitue une de nos principales, une de nos plus riches industries locales; et nous pourrions ajouter, par ce que cet exemple démontre, qu'il n'est pas toujours nécessaire de posséder ces minerais métallifères pour les traiter avec avantage : puissent les observations que nous avons faites au grand Concours de 1867 nous permettre d'établir qu'il en peut être de même pour le fer.

Cette question est importante pour nous, et sa solution peut avoir une influence immense sur l'avenir industriel de Toulouse.

A ce sujet, nous écrivions il y a quelques années (1859) : « Les progrès de la fabrication du fer sont marqués aujourd'hui par l'emploi de plus en plus général de la méthode anglaise, caractérisée par l'emploi du four à réverbère. Il paraîtrait même que la houille devra un jour envahir les centres métallurgiques où le combustible végétal a été d'un emploi exclusif, ou à peu près exclusif. Cette hypothèse n'est nullement hasardée et se trouve justifiée par la constatation que nous avons faite à l'Exposition universelle que de très beaux fers sont obtenus au four à puddler. Il est comme établi qu'avec des minerais convenables et beaucoup de soin dans l'opération du puddlage, on peut obtenir par le traitement des fontes au coke des fers de très belle qualité, propres à tous les usages. Nous allons plus loin, et raisonnant sur cette donnée qu'une forge anglaise porte avec elle l'élément de la force motrice qu'elle emploie pour produire le vent, pour mettre en jeu sa presse à cingler, son marteau-pilon ou frontal, et ses laminoirs, nous étions amené à conclure à la possibilité de la fabrication de la fonte et du fer à Toulouse ; et cette possibilité était démontrée en ce qui concerne la fonte au coke par le prix de revient d'un haut-fourneau traitant 10,000 kilog. de fonte par 24 heures avec une consommation de 1,500 à 1,700 kilog. de coke pour 1,000 kilog. de fonte, et employant de 55 à 75 mètres cubes d'air par minute. »

L'Exposition de 1867 nous a prouvé que notre raisonnement était juste ; mais que l'avantage était bien mieux démontré quand, au lieu de se borner à produire de la fonte, on produisait aussi du fer. Généralement, en effet, les hauts-fourneaux, destinés à produire de la fonte brute, doivent choisir avec plus d'attention leur emplacement ; le choix est moins important quand une forge y est annexée, et moins encore si cette forge donne des formes aux fers, au lieu de les livrer en fers marchands. En un mot, le choix du terrain, très important quand on reproduit de la fonte brute, l'est de moins en moins, à mesure que par des moulages ou sa transformation en fer, et l'emploi du fer, l'usine à créer doit dépenser sur place plus de main-d'œuvre.

La question de force motrice n'étant plus à considérer avec une telle forge, et celle au contraire du combustible et de ses frais de transport étant de premier ordre, il est évident que le poids du combustible étant le double du poids du minerai employé, c'est le minerai qui doit venir trouver le combustible, et non le combustible aller trouver le minerai, si d'ailleurs les conditions de transport sont égales poids pour poids pour l'un et pour l'autre.

Les minerais de l'Ariége pourraient ainsi être convertis en fonte et en fer, en employant la houille et le coke des riches bassins de l'Aveyron, par un établissement qui, à Toulouse, construirait ses forges auprès de la gare des chemins de fer du Midi, et bénéficierait ainsi des frais de transport de trois à quatre tonnes de houille par tonne de fer produit, ce qui, indépendamment de bien d'autres avantages, créerait à une telle forge une position bien supérieure à celle de beaucoup d'autres établissements métallurgiques produisant le fer.

Avec du bon coke, c'est-à-dire avec du coke ayant peu de cendres, une tonne de fonte n'exige guère plus de 1,000 à 1,400 kilog. de ce combustible; on est même parvenu en Belgique à n'employer que 1,000 kilog. de coke pour 1,000 kilog. de fonte en marche ordinaire, et 1,250 kilog. quand on force la production. Il en résulte, ainsi que le fait remarquer M. Furiet dans son intéressant ouvrage intitulé l'*Avenir de la métallurgie* en France, publié en 1862, que le très grand avantage de prix que présente généralement, à poids égal, le coke sur le charbon de bois, ressort presqu'intégralement en faveur du prix de la fonte obtenue au combustible minéral, et que la dépense en combustible peut être ainsi réduite d'un tiers environ.

Cet avantage, nous devons le dire, toutefois, ne doit pas faire perdre de vue que, dans une forge anglaise, l'utilisation des flammes perdues, à la production de la vapeur nécessaire à la mise en jeu des appareils, exige une dépense bien plus considérable que celle qui résulte de l'emploi des forces hydrauliques, et que cette dépense s'élève sensiblement encore par la nécessité où l'on se trouve, en vue d'un plus grand avantage dynamique, de distribuer la force aux divers appareils au moyen de générateurs distincts, au lieu d'employer une puissante machine concentrant toutes les forces. De cette manière chaque machine reste indépendante l'une de l'autre, et l'on évite ainsi les chômages, qui résulteraient d'un accident arrivé à un moteur unique. C'est ainsi qu'ont été disposées aujourd'hui un grand nombre de forges, et tout récemment celles de Pamiers (Ariége).

Pour tous ceux, que ne frappent pas les nouveaux besoins de l'industrie moderne, créer à Toulouse, qui n'a ni houille ni minerai, des hauts-fourneaux et des forges, a pu paraître une entreprise aventureuse et chanceuse; mais si l'on considère, ainsi que l'atteste l'Exposition universelle, qu'il n'est que peu ou point d'usines à fer qui puissent répondre aux exigences de la métallurgie moderne en n'employant que le minerai qu'elles trouvent à proximité, on comprendra qu'il importe peu que la localité choisie pour l'installation de hauts-fourneaux ait ou n'ait pas de minerais. Les fontes de l'usine Saint-Louis, à Marseille, dont le Palais du Champ de Mars renfermaient de beaux spécimens, et les renseignements qui suivent relatifs à cette usine, vont nous fournir la démonstration de cette vérité.

Les hauts-fourneaux de Saint-Louis, à six kilomètres de Marseille, ont été fondés en 1855, dans le but de fabriquer de la fonte avec les minerais méditerranéens et les cokes du bassin du Gard. Comme toujours de vives critiques accueillirent ce projet, et nous nous rappelons qu'on traitait alors de folie l'idée de créer des hauts-fourneaux dans un lieu où l'on n'avait sur place ni houille ni minerai. Mais les habiles promoteurs de cette entreprise ne furent point découragés, et les résultats constatés aujourd'hui ont pleinement justifié leurs prévisions.

L'usine Saint-Louis a dû principalement son succès à cette méthode qui consiste à n'employer dans ses dosages que des minerais de provenance très diverse, mais tous de qualité supérieure, que lui fournissent l'Italie, l'Algérie, l'Espagne et les îles méditerranéennes. Le célèbre minerai de l'île d'Elbe qui rend 60 p. 100 de fonte au haut-fourneau sert de base à ses lits de fusion, et l'addition des minerais hydratés, manganésés de la côte d'Espagne ou d'Afrique, lui permet de varier ses mélanges, de façon à obtenir des fontes propres aux divers emplois de la sidérurgie.

Les cokes que cette usine emploie sont fabriqués à la houillère de Portes dans le bassin d'Alais, ou bien proviennent des cornues de l'usine à gaz de Marseille. L'usine Saint-Louis est la première ou peut-être la seule encore, qui, grâce à la richesse des minerais, ait fait entrer dans ses charges, une proportion de coke des cornues, qui atteint quelquefois les deux tiers. Ses hauts-fourneaux trouvent ainsi sur place, une partie de leur combustible.

Cette usine a été aussi la première à fabriquer et à livrer au commerce des *fontes spéciales*, c'est-à-dire des fontes de qualité supérieure, appropriées à diverses spécialités de dénaturation ou d'affinage, et fabriquées spécialement pour ces emplois. Ces fontes ont trouvé des débouchés très étendus, les moyens de fabrication ont dû être doublés et triplés pour satisfaire à des demandes provenant même des départements du Nord et du centre de la France. Au reste, ce système a déjà trouvé des imitateurs, car dans les expositions du Creusot et de la Compagnie de Terre-noire, il nous a été facile de constater son application; et les minerais méditerranéens, qui remontent maintenant jusque dans les départements du Centre, confirment de plus fort le bon accueil qui est fait à cette excellente méthode.

L'usine Saint-Louis comprend trois hauts-fourneaux adossés à une colline dont le plateau supérieur porte les parcs à minerais et à cokes, les fours de grillage, la soufflerie, et les halles de chargement, tandis qu'au pied se trouvent les halles de coulée et les appareils à air chaud. Ces hauts-fourneaux ont tous trois une hauteur de 14 mètres, 4m 30 au ventre, et 3m 29 au gueulard. Le dernier construit est établi sur cadres-colonnes en fonte, tandis que les deux plus anciens sont à tour ronde en maçonnerie de briques. Ils sont munis de prises de gaz à trémie avec couvercle à fermeture hydraulique. Les gaz perdus des hauts-fourneaux alimentent les foyers des chaudières de la soufflerie. Celle-ci se compose de trois machines horizontales de 70 à 80 chevaux chacune, et munies chacune de deux cylindres soufflants à clapet et à moyenne vitesse. Les appareils à air chaud, également chauffés par les gaz, sont du système à serpentin avec tuyaux horizontaux circulaires ; mais ce système ne permet pas d'obtenir des températures assez élevées sans grande dépense de combustible, et il est très probable qu'il lui en sera substitué un autre. Les deux anciens fourneaux ont deux tuyères, le fourneau sur cadres-colonnes en a trois.

Le chargement du coke et du minerai se fait au moyen d'un wagon circulaire, muni de portes de fond et le dosage des diverses matières qui composent une charge est observé avec le plus grand soin, et ces dernières sont pesées avec la plus grande exactitude. La charge de coke est considérable, elle atteint 800 et même 1,000 kilog. Le rendement des mélanges de minerai varie de 55 à 61 0[0. La production journalière des hauts-fourneaux n'est pas la même pour tous. Le haut-fourneau le plus récent, construit sur cadres-colonnes, produit 1,000 à 1,200 tonnes de fonte grise par mois : C'est l'un des hauts-fourneaux de France qui ont la plus grande production, surtout en fonte grise. L'usine a produit, en 1865, 22,500 tonnes de fonte.

Les fontes de l'usine Saint-Louis appartiennent à trois catégories distinctes, qui sont :

Les fontes pour affinages supérieurs ;

Les fontes miroitantes ou Spiegeleisen;

Les fontes de moulage de grande résistance ;

Les fontes pour affinages supérieurs forment une série presque complète, depuis les fontes noires à gros grains, jusqu'aux fontes blanches lamelleuses.

Les fontes noires à gros grains servent pour l'affinage au charbon de bois dans les bas foyers ; elles ont, les premières en France, rivalisé en Franche-Comté avec les fontes fines fabriquées par les hauts-fourneaux au charbon de bois de cette région ; leur pureté, leur degré de carburation et la petite proportion de manganèse qu'elles renferment les rendent propres à la fabrication des fers fins au bois dit de Comté, si connus dans le commerce.

Les fontes grises à gros grains servent aux puddlages pour aciers et pour fers fins. Les fontes grises moins graphiteuses, sont achetées pour l'appareil Bessemer. Ces fontes au coke ont été fournies dès 1862, à l'usine de Saint-Seurin pour alimenter les creusets à acier Besssemer que possède cette usine. Les fontes rubannées et les fontes blanches et lamelleuses, sont employées pour la fabrication des fers fins à la houille destinés aux grosses pièces de forge et aux blindages. Toutes ces fontes renferment du manganèse en proportion variable.

Les fontes miroitantes ou *spiegeleisen*, comme les appellent les Allemands, servent à l'affinage pour acier au bas foyer ; à la recarburation qui termine l'opération Bessemer, à la fabrication de l'acier par le procédé Martin. Elles comprennent diverses variétés et renferment à volonté depuis 5 jusqu'à 9 p. 100 et plus de manganèse métallique, avec des teneurs en silicium inférieurs à 1[2 p. 100. Elles remplacent complètement dans plusieurs usines françaises, les spiegeleisen pour lesquels la sidérurgie française a été longtemps tributaire des établissements de Siegen, petite ville de 7,500 habitants dans le royaume de Prusse.

Les fontes de moulage qui comprennent les quatre variétés de granits ordinaires, n° 1, 2, 3 et 4, se distinguent par leur grande résistance. Des barreaux d'essai de 0m 04 de côté et de 0m 25 de long, exposés dans la vitrine de l'usine Saint-Louis, ont cassé, sur l'enclume de 800 kilog., et avec le boulet de 12 kilog., à des hauteurs de chute de 1m 00 et 1m 05, après avoir supporté le choc sans rupture à 0m 80, 0m 85, 0m 90 et 0m 95. Ces chiffres suffisent pour démontrer quelle ténacité possèdent les fontes fabriquées à Saint-Louis avec les minerais d'Italie et d'Espagne ; ils sont supérieurs à ceux exposés par toute autre usine française.

Voici les analyses de quelques fontes de l'usine Saint-Louis :

	Fonte grise moulage n° 1.	Fonte grise affinage n° 1.	Fonte rubannée.	Fonte blanche lamelleuse.	Spiegeleisen N° 3.	Spiegeleisen N° 1.
Fer.	91,320	89,270	90,475	90,070	88,731	»
Manganèse. . . .	0,420	3,490	3,998	4,640	5,920	9,00
Carb^e^ combiné . .	1,317	1,303	0,550	3,627	4,010	»
Graphite	4,959	4,147	3,949	»	0,126	»
Silicium.	1,800	1,650	0,940	1,325	0,584	0,25
Soufre.	0,124	0,100	»	0,048	0,035	»
Phosphore. . . .	0,060	0,040	»	traces	0,090	»
Corps non dosés et pertes.	»	»	0,088	»	0,424	»
	100,000	100,000	100,000	100,000	100,000	»

Le laitier, correspondant à une fonte d'affinage grise n° 1, est court, couleur jaune olive à cassure lithoïde ; il contient :

Silice.	33 00
Alumine.	10 87
Chaux.	50 00
Magnésie	0 37
Protoxyde de fer.	2 61
Protoxyde de manganèse. . . .	0 52
Soufre.	2 06
	99 43

Sa formule est $S^9 B^{10}$ à peu près, il présente le caractère commun à tous les laitiers des usines du Midi, d'être très calcaire et presque à la limite de fusibilité.

Ainsi donc, voilà une usine qui n'a ni charbon ni minerais, et qui cependant a réussi à former un établissement qui l'emporte sur plusieurs autres réputés beaucoup mieux placés, et cela, parce qu'elle a compris qu'à chaque qualité de fer il fallait sa fonte, et que pour spécialiser aussi chaque fonte, il fallait des minerais différents mais riches qu'il faut toujours aller chercher au loin.

Les usines à fonte de MM. Petin et Gaudet, à Gisors, ont profité de cet exemple, ainsi que nous le disions plus haut. Leurs minerais viennent maintenant de l'île d'Elbe, d'Afrique, d'Espagne. Les minerais de l'île d'Elbe coûtent 19 fr. 20 c., et ceux d'Espagne, 26 fr. 60 c. la tonne rendue dans les halles de chargement de Toga en Corse, où cette compagnie possède quatre hauts-fourneaux.

Une intéressante collection de minerai que nous avons examiné, nous a également appris que les minerais d'Allemagne et d'Alsace sont employés concurremment dans les usines de Niederbronn (Bas-Rhin). Les minerais Allemands viennent des pays de Siegen et de Nassau ; ce sont ceux de New-Gluck, carbonates spathiques blancs, rendant crus 35 p. 100 de fer environ ; ceux de Carolus, peroxydes de manganèse et hématites brunes manganésées fines, rendant 35 à 40 p. 100 de fer; ceux du Prince-Bernard, hématites rouges, rendant 40 p. 100 ; ceux de la mine Albert, mélangés de fer oligiste et d'hématite brune.

Les minerais d'Alsace appartiennent à trois variétés distinctes :

1° *Les minerais en grains*, mines pisolithiques argileuses rendant 37 à 40 p. 100 et contenant de 1 à 2 p. 100 de manganèse, un peu de phosphore et un peu de soufre.

2° *Les mines plates* ou Blaettelerz, dont le gisement se trouve dans les alluvions anciennes qui recouvrent les couches du lias. Ce sont des débris de rognons ferrugineux, constitués par de l'hydroxyde de fer, dont les géodes contiennent fréquemment un noyau d'argile jaune et sont mélangés de fer carbonaté lithoïde. Leur richesse est, en moyenne, de 30 p. 100 ; ils sont un peu phosphoreux et sulfureux, et éminemment propres à la fabrication des fontes de moulage et d'ornement.

3° Les mines rouges, fer oxydé contenant des veines de fer hydraté, exploitées à Lampertsloch dans des couches situées au pied des grès vosgiens et sous des sables diluviens, fournissent 32 à 38 p. 100 de fonte ; ce fer est un peu phosphoreux et sulfureux, et renferme quelquefois des traces assez importantes d'arsenic.

Ces minerais servent pour les fontes de moulages ; les fontes fines ou aciéreuses sont presqu'exclusivement fabriquées avec des minerais de Nassau et de Siegen.

Les hauts-fourneaux au bois de Niederbronn ont 10 mètres de hauteur, 2^{m} 75 de diamètre au ventre, et 0^{m} 60 aux tuyères ; leur ouvrage est assez resserré. Soufflés par deux buses de 40 millimètres avec de l'air à 100 degrés environ, ils produisent 4,000 kilog. par jour. La charge de charbon est de 8 hectolitres ; celle de minerai et de castine 450 à 550 kilog. On consomme par tonne de fonte

2,350 à 2,450	kilog.	minerai
1,150 à 1,250	—	charbon
480 à 500	—	castine.

Les fontes au coke sont surtout destinées à la fonderie. Elles se fabriquent avec des lits de fusion rendant environ 40 p. 100, auxquels on ajoute 30 p. 100 de castine du Muschelkalk, et en brûlant 140 à 150 kilog. de coke par kilog. de fonte.

Les fontes aciéreuses au charbon de bois se fabriquent avec des minerais rendant 50 p. 100, auxquels on ajoute 20 à 25 p. 100 de castine. On brûle 110 kilog. de charbon environ pour 100 kilog. de fonte. On obtient ainsi d'excellentes fontes pour acier Bessemer ou pour acier puddlé, grises ou miroitantes.

Le bel établissement du Creusot, situé dans l'arrondissement d'Autun, département de Saône-et-Loire, qui possède 15 hauts-fourneaux et 160 fours à coke, emploie aussi les minerais étrangers, mélangés en proportion considérable avec les minerais de Mazenay et de Laissey. Le premier est l'oolithique à gangue calcaire, extrait du gîte inépuisable de Mazenay, situé à 36 kilomètres du Creusot, entre le trias et le calcaire liasique à gryphées arquées : c'est une puissante couche de 8 kilomètres de longueur sur 1 kilomètre de largeur et 2 mètres d'épaisseur. Ce minerai est un hydroxyde à gangue très calcaire, de couleur rouille et de texture assez uniforme. Pour associer à ce minerai, l'usine reçoit par an 60,000 tonnes des riches minerais magnétiques de Mokta-el-Hadid. La richesse et la pureté exceptionnelles de ces minerais lui ont permis de créer des types nouveaux de fonte et de fer.

La consommation du coke dans cet établissement est très variable, suivant la nature de fonte que l'on fabrique, et suivant la composition des charges. Elle varie de 1,050 à 1,300 kilog. avec des mélanges usuels, pour aller de la fonte blanche à rails à la fonte grise de moulage.

Nous avons entendu dire à l'Exposition que cette consommation descendrait à 1,000 kilog. pour la fonte grise obtenue avec les minerais d'Afrique. Disons un mot de ces minerais.

L'Algérie est très riche en minerais de fer encore inexploités. On y trouve les fers spathiques des environs de Ténès. Les collines qui entourent cette ville sont parcourues par de nombreux filons qui renferment le fer à l'état de carbonate spathique quelquefois décomposé, toujours manganésifère, ou à l'état de quadri-carbonate de fer, de manganèse, de chaux et de magnésie. Sous ce rapport, les environs de Ténès ressemblent, d'une façon assez curieuse, aux environs de Siégen, en Prusse, où le fer, le manganèse et le cuivre se trouvent dans des conditions de qualité et de gisement très analogues. Jusqu'à présent, le cuivre seul, qui se trouve à l'état de cuivre pyriteux et quelquefois de cuivre gris dans des filons qui croisent les veines ferrifères, a attiré l'attention des exploitants : on ne s'est point préoccupé du fer ; on doit sans doute attribuer ce délaissement à ce que la présence du cuivre est toujours facilement remarquée, à cause de l'éclat métallique de ses sulfures. Le fer spathique au contraire, et surtout le quadricarbonate manganésé, ressemblent, pour le simple passant, à un calcaire blanc plus ou moins cristallin et attirant peu l'attention : cependant, le fer devient assez apparent dans des filons puissants où il s'est décomposé, pour qu'une des montagnes des environs, où se trouve un filon de 3 à 4 mètres de puissance, porte le nom de *Djebel-Hadid* ou *Montagne de fer.*

Les minerais magnétiques des environs de Bône, exploités à proximité de la Meboudja, de Bou-Hamra, des Karezas, d'Aïn-Mokra, de Mokta-el-Hadid, sont restés longtemps presqu'improductifs pour la France. Mais depuis ces dernières années, grâce à la persistance et à l'initiative de MM. Talabot, et à la formation d'une Société dite des minerais de fer magnétiques de Mokta el-Hadid, patronée par les usines du Creusot entre autres, et d'une autre Société dite Société générale des transports à vapeur, destinée à apporter à Marseille ou à Cette les minerais exploités par la première, ceux-ci ont pris en France une place des plus importantes. On voyait à l'Exposition une coupe de la partie connue du gisement de Mokta-el-Hadid : c'est, comme son nom arabe l'indique, une véritable montagne de fer magnétique, située dans l'intérieur des terres, à 30 kilomètres du port de Bône. On y exploite environ 150,000 tonnes de minerai qu'on transporte à Bône au moyen d'un chemin de fer spécialement construit pour cet usage. Le prix varie depuis 15 fr. par tonne prise à Bône jusqu'à 9 fr. 33 c., suivant l'importance des marchés annuels.

Ce minerai est compact, très pur, ne renfermant pas de traces perceptibles de soufre ou de phosphore, et presque dépourvu de gangue. On en distingue deux variétés : l'une dite *bleue*, magnétique et compacte, l'autre dite *noire*, qui se distingue de la première en ce qu'elle est moins compacte et un peu manganésifère, en même temps que fort peu magnétique.

La première variété, d'après l'analyse exposée par la compagnie de Terrenoire, Lavoulte et Bessèges, contient :

Fer.	65 à 68 p. 100
Quartz.	2.5 à 1.3 p. 100

La seconde variété, d'après la même compagnie, a la composition suivante :

Quartz décomposé.	3 50
Alumine.	0 90
Chaux.	1 50
Peroxyde de fer.	88 50
Oxyde rouge de manganèse. . . .	2 80
Perte au feu.	2 80
	100 "

Ces deux variétés se trouvent mélangées dans les expéditions qui donnent un rendement au haut-fourneau assez peu variable de 63 à 65 p. 100 de fonte. Elles sont toutes deux remarquables par leur pureté, presque absolue, qui oblige à les traiter d'une façon particulière, si on ne veut pas faire entrer dans la fonte les impuretés du combustible minéral.

Les autres concessions des environs de Bône n'ont pas autant d'importance; ces concessions plus rapprochées de la mer que celles de Mokta-el-Hadid, renferment des minerais un peu plus magnétiques (Bou-Hamsa, Belchitta), mais en quantité moins considérable et d'une exploitation plus difficile.

Deux autres gisements de minerais de fer sont encore exploités en Afrique, au profit des usines françaises. Ce sont celui de Soumah, dans l'Atlas, dont les produits s'embarquent à Alger, et celui de la Gouyara l'Omrha près de Cherchell. Ce sont des oxydes hydratés compactes. D'après les analyses de Saint-Louis de Bessèges, ces minerais contiennent :

	Mcboudja.	Soumah.	Gouyara.
Peroxyde de fer	57 25	84 00	77 95
Ox. rouge de manganèse.	3 50	0 80	0 30
Alumine	2 80	0 70	0 65
Chaux	10 00	0 30	3 25
Magnésie.	2 00	0 00	0 00
Silice.	2 80	5 10	3 60
Acide carboniqne et eau .	21 00	9 20	13 90
Soufre	0 00	0 05	»
	99 35	100 15	99 65

Les gisements de Soumah et de la Gouyara ont tous deux une puissance considérable et peuvent fournir des quantités de minerais importantes aux usines à fonte françaises ou étrangères.

Le minerai le plus employé dans les usines du Bassin d'Aubin, est celui de Mondalazac. C'est un minerai oolithique, de couleur violette, à gangue argilo-calcaire qui rend à la voie sèche 27, 35 p. 100 de fonte, et que l'on trouve en couche à la partie inférieure de l'étage oolithique des terrains jurassiques. On y emploie aussi du minerai de Lunel exploité en couches à la base du Lias, aux environs de Saint-Félix de Lunel. C'est une hématite rouge à gangue quartzeuse ne renfermant ni chaux ni soufre, et rendant en moyenne 40 p. 100 de fonte

A Decazeville, on consomme encore le minerai de Kaymar, provenant d'un filon dans les micaschistes, et qui est une hématite brune manganésifère à gangue de spathfluor et de quartz, et rendant 42 à 45 p. 100 et coûtant 15 fr. la tonne rendue à l'usine; des minerais houillers (carbonaté lithoïdes) exploités à

Tramont; des minerais d'Albi extraits dans le département du Tarn, de filons qui traversent le terrain primitif dans les environs d'Alban, d'Ambialet et de Courris, et renfermant du manganèse en proportion telle qu'il domine quelquefois et jusqu'à former le minerai principal. Ces minerais dans lesquels le fer est tantôt à l'état d'hématite brune ou concrétionnée, tantôt à l'état de fer spathique crû ou décomposé, rendent environ 45 p. 100 ; ils arrivent à Aubin par charrettes au prix de 14 à 15 fr. la tonne.

Le filon de Fraysse contient,

Peroxyde de fer ou de manganèse. .	66 60
Silice.	19 50
Alumine	5 00
Perte au feu	8 60

Le Périgord et l'Ariége fournissent également des minerais aux usines de l'Aveyron, ce sont pour l'Ariége les minerais de Riverenert, et fer magnétique qui rend au fourneau 40 à 42 p. 100, et est livré en gare de St-Girons, à raison de 7 à 8 fr. la tonne, et le minerai de Ferrières, fer spathique plus ou moins altéré, exploité par M. Palotte.

Les hauts-fourneaux d'Aubin sont au nombre de six, dont trois ou quatre seulement sont habituellement en feu. La hauteur commune à tous est de 15^m 25 environ; le diamètre intérieur, au ventre, varie de 4^m 20 à 4^{m}50, le diamètre du gueulard de 3^m à 3^{m}60, la capacité intérieure variant de 125 à 150 mètres cubes. Leur massif est tronc-conique reposant sur une base prismatique; la tour est formée au moyen d'anneaux cylindriques dont le diamètre va en diminuant, armés chacun d'une frette de fer. Ils sont soufflés par trois tuyères qui y injectent par minute, environ 90 mètres cubes d'air chauffé à 300 degrés au moins et comprimé à une pression de 2 mètres d'eau. Leur production journalière est de 18 à 22 tonnes de fontes en 24 heures, avec un rendement moyen qui varie notablement suivant la nature des lits de fusion.

Decazeville appartenait à une puissante société qui, après diverses alternatives, est tombée en faillite. Elle fonctionne maintenant pour le compte des syndicats ou créanciers. Cette usine a sept hauts-fourneaux, six carrés et un rond tous adossés; deux ou trois seulement sont actuellement en feu. Ils n'ont point de prise de gaz et sont soufflés par trois tuyères chacun avec une pression de 2m à 2m 50 d'eau. On travaillait il y a un an ou deux avec des charges de coke de 800 kilog. environ et des charges de minerai de 1,200 kilog. environ, rendant 33 p. 100 de fonte et on produisait en 24 heures par fourneau de 20 à 22 tonnes. Cette marche était peu satisfaisante. Toutefois, on consomme toujours une proportion de coke relativement considérable dans les usines du Bassin d'Aubin, à cause de la nature alumineuse du minerai de Mondalazac, qui forme la base des lits de fusion et de la grande proportion d'alumine que renferme le laitier. Les éléments de ce laitier, sont :

Silice.	37 5
Alumine . . .	25 »
Chaux	35 »
Oxyde de fer .	traces
Soufre	2 4
	99 9

Ce laitier constitue un silicate de la formule S^{10} B^{11}; mais la proportion relative de chaux et d'alumine en fait un laitier réfractaire qui doit exiger une forte proportion de combustible pour sa fusion.

Les analyses des divers minerais employés à Decazeville fournissent les résultats suivants :

	Mondalazac.	Lunel.	Kaymar.	Combes. bonne couche.	(grillé) fausse couche.
Peroxyde de fer.. . .	37 50	55 à 60	60 »	66 »	57 »
Oxyde de Manganèse.	» »	»	10 »	» »	» »
Silice.	10 10	35 à 40	12 »	20 »	25 »
Alumine.	11 40	2	2 »	6 »	7 50
Chaux.	13 20	»	»	3 50	3 50
Magnésie.	2 60	»	»		
Spath fluor.	» »	»	6	» »	»
Soufre.	» »	»	»	1 »	1 20
Perte au feu.	24 60	2	10	3 50	5 80

L'usine de Decazeville n'avait rien envoyé au Champ de Mars.

En parcourant cette immense galerie métallurgique, où nous avons recueilli des renseignements si complets qu'ils ne sauraient figurer dans ce rapport, nous nous sommes arrêtés avec un vif intérêt devant les minerais de l'Ariège et devant ceux des Pyrénées-Orientales qui, nous l'espérons, sont appelés à jouer un si grand rôle dans l'industrie de notre ville. Nous trouvons d'abord les minerais de Rancié et un modèle des travaux d'exploitation que nous connaissions déjà.

Le gisement de Rancié est un amas très irrégulier dans toutes les directions, presque vertical, qui se trouve dans le bras supérieur, et qui appartient à huit communes de la vallée de Vic-Dessos. Le minerai est un mélange d'hématite brune, très souvent cristalline et géodique, avec enduit d'oxyde de manganèse, d'oligiste, d'hématite rouge et d'hydroxyde compacte, dont la composition varie avec les quartiers de l'exploitation : ainsi, le minerai d'Orléans est un mélange d'hématite brune et d'oligiste; le minerai de Sainte-Barbe est une hématite brune souvent très manganésifère. Sa composition moyenne est la suivante :

Silice.	9 à 11
Fer.	54 à 56
Manganèse.	2 à 4
Oxygène.	23 à 25
Gangue siliceuse. . . .	7 à 8

Les minerais de Rancié rendent au fourneau 49 à 50 p. 100; ils fournissent au charbon de bois des fontes miroitantes, et au coke des fontes de qualité supérieure pour l'affinage. Leur extraction annuelle a été, en 1866 : 18,000 tonnes, dont 5,000 ont été consommées par cinq forges catalanes, 4,000 tonnes par deux hauts-fourneaux au bois, et 11,000 tonnes par un fourneau au coke. Le prix de revient était, en 1860, au marché de Cabre, sur la route départementale de Vic-Dessos à Foix, de 1 fr. 05 c. les 60 kil. ou la volte (charge d'un homme), soit 1 fr. 75 c. les 100 kilog. Actuellement, le prix de revient de la tonne au même endroit s'établit comme suit :

Salaire du mineur.	9	166
Octroi à l'administration.	0	833
Port des mines à Cabre.	4	166
Bénéfice du magasinier.	0	833
	15 f.	"

La mine est régie par l'Etat et occupe 400 ouvriers. L'Ingénieur des mines qui l'exploite espère arriver, pour l'avenir, au prix de 10 fr. 50 c. la tonne rendue sur le marché de Vic-Dessos.

Il est regrettable pour l'industrie métallurgique des départements voisins que les mines de Rancié soient exploitées d'une façon aussi onéreuse. Elles présentent un reste curieux des institutions du moyen-âge. La mine est la propriété de sept ou huit communes, qui l'exploitent sous la direction d'un ingénieur de l'Etat. La part de travail est déterminée pour chaque mineur, qui ne doit pas, dans sa journée, extraire plus de 4 voltes (240 kilog.) ; on a cherché en vain à porter le travail à 5 voltes ; les mineurs, dont le nombre est déterminé, s'y sont opposés. Le prix de la mine est fixé par arrêté préfectoral : il est actuellement de 55 c. la volte ; un mineur gagne donc 2 fr. 20 c. par jour, et ce bénéfice lui suffit. Mais la volte, avant d'arriver aux usines, est grevée de frais de descente à dos de mulet et de transports sur charrettes, qui élèvent le prix à 1 fr. 20 et 1 fr. 30 c., soit 20 à 21 fr. 65 c. la tonne rendue.

La mine de Riverenert, dans le terrain silurien inférieur, appartenant à MM. Schmid et Delrieu, a produit, en 1866, 3,000 à 4,000 tonnes de minerai. Celui-ci, rendant 50 à 42 p. 100 de fonte, est livré en gare de Saint-Girons à raison de 7 à 8 fr. la tonne. C'est un fer oligiste, quelquefois cristallisé, renfermant aussi de l'hématite brune manganésifère. Un échantillon, analysé à la Faculté des Sciences de Marseille, a fourni 47.53 p. 100 de fer, et 4.27 p. 100 de manganèse, avec une gangue presque exclusivement siliceuse. Ainsi que nous l'avons vu, il est expédié à quelques usines hors du département, entre autres à Aubin.

La minière d'Alzein, dans le terrain dévonien, fournit des hématites brunes manganésifères, analogues à celles de Rancié, qui rendent 44 p. 100 au haut-fourneau. On en extrait 4,000 à 5,000 tonnes par an.

La minière de Ferrières, près de Pamiers, actuellement abandonnée, a été exploitée en dernier lieu par M. Palotte, et a fourni seulement 1,000 à 1,500 tonnes de minerais oligistes et hématites brunes.

D'autres gisements inexploités, assez nombreux, se trouvent encore dans l'Ariège, attendant que des voies de communication économiques viennent leur permettre d'arriver à bas prix sur les lieux de traitement existants ou à créer.

A Pamiers se trouvent deux hauts-fourneaux au bois et au coke, produisant l'un 8,000 kilog., l'autre 6,000 kilog. par jour. A Berdoulet, un haut-fourneau au coke produit 25 tonnes par jour. Ces usines consomment exclusivement les minerais de Rancié. Les consommations de combustible sont les suivantes par tonne d'affinage : pour les fontes au bois 6 1/2 mètres cubes de charbon ; pour les fontes mixtes, 3 1/2 mètres cubes de charbon, et 800 kilog. de coke ; pour les fontes au coke, 1,150 kilog. de coke.

La Société métallurgique de l'Ariège va prochainement mettre en feu à Tarascon un fourneau qui produira 30 tonnes par jour. Les fontes de l'Ariège sont d'excellentes fontes aciéreuses, grises ou miroitantes.

Les minerais de l'Aude ne pouvant arriver dans les gares de chemins de fer que chargés de frais de charrois considérables, les hauts-fourneaux qui avaient été construits dans ce département sont actuellement éteints.

Les Pyrénées-Orientales sont très riches en minerais de fer ; on trouve des gisements sur les deux versants du mont Canigou : ce sont les gisements des environs de Prades à l'ouest, et ceux de Batère à l'est. Ces derniers, parmi lesquels se trouvent la célèbre mine de Las-Indis et de Villafranca, sont, malgré leur puissance et leur richesse, d'une inutilité absolue pour la sidérurgie française ; on peut à peine y arriver avec des mulets, et les minerais ne sont employés que pour quelques forges catalanes des environs. Les gisements des environs de Prades, au contraire, peuvent être plus facilement abordés, et les minerais peuvent actuellement arriver au prix de 17 fr. 50 c. la tonne rendue en gare à Perpignan, prix encore trop élevé pour permettre leur arrivée chez nous, mais qui baissera probablement, lorsque le chemin de fer en construction, de Perpignan à Prades, pourra être mis en exploitation. Ces minerais sont, au reste, consommés sur place par les hauts-fourneaux de Ria, de Fuilla, de Villeneuve-de-Conflans.

Les minerais se trouvent intercalés dans des calcaires et des schistes appartenant aux terrains de transition inférieurs : ce sont des fers spathiques, des mines douces, des fers oligistes et même des fers oxydulés.

Les principales mines sont celles de Thorrens, fer spathique, de Fillols, de Vernet, de Sahorre, d'Oms.

Les minerais de Fillols et de Thorrens (mine douce) contiennent, savoir :

	Thorrens.	Fillols.
Protoxyde de fer.	61 70	// //
Peroxyde de fer.	// //	77 88
Oxyde de manganèse.	4 06	6 64
Quartz et argile.	1 34	5 08
Chaux.	0 21	0 61
Magnésie.	// //	Traces.
Eau et acide carbonique. . .	31 95	11 56
	99 26	101 77
Fer à l'essai.	43 21	54 50

Les riches et abondants minerais des Pyrénées-Orientales sont appelés à jouer un rôle très important dans la métallurgie française, lorsque des moyens de transport plus faciles et plus économiques leur seront assurés. Ils peuvent concurremment avec les minerais de l'Ariège, et ceux de Mokta-el-Hadid, permettre avec un très grand avantage la création de hauts-fourneaux à Toulouse. Actuellement ils alimentent surtout les deux fourneaux de Ria appartenant à MM. Holtzer Dorian, Jacomy et Cie, qui ont été construits en 1857. Ces fourneaux produisent principalement des fontes miroitantes, et des fontes rubannées dont nous avons vu de très beaux spécimens à la dernière exposition de Toulouse et que nous avons revus au Champ de Mars. Les premières sont expédiées aux acieries d'Unieux et de Pont Salomon (Loire) ; les secondes sont employées par diverses forges pour la fabrication des blindages. Voici l'analyse d'une de ces fontes rubannées de Ria.

Manganèse.	0 36
Soufre	0 02
Silicium	0 71
Carbone combiné.	1 22
Graphite.	3 12
Fer	94 14
Corps non dosés et pertes	0 43
	100 »

Ces détails quelqu'incomplets qu'ils soient sont cependant suffisants pour démontrer que,quand on le voudra, on peut avec succès faire de la fonte à Toulouse et puis du fer. La fabrication de l'acier suivra ensuite, car, partout où l'on produit la fonte avec de bons minerais, cette fonte peut être affinée et produire de l'acier au moyen des appareils Bessemer,qui ont révolutionné complètement la fabrication de l'acier. Il suffisait de voir à l'Exposition Universelle les produits si remarquables de cette fabrication pour se faire une idée de l'avenir qui lui est réservé. Dans ce système entièrement nouveau, la fonte en fusion est versée directement d'un cubilot dans une immense cornue en fonte garnie de terre réfractaire, et oscillant dans des supports sur deux tourillons ; le fond de cette cornue est percé de trous nombreux par lesquels on introduit le vent à une forte pression. Ces trous sont recouverts par de petits disques en terre réfractaire, pour éviter que la fonte ne passe au travers avant l'introduction du vent. Quand celui-ci arrive, le courant est assez puissant pour retenir la matière, il la pénètre de toute part, son oxygène s'empare du carbone de la fonte et l'affinage commence. La décarburation pourrait être complète et alors on produirait du fer ; mais tel n'étant pas le but de l'opération, on s'arrête au degré de décarburation de la fonte qui constitue l'acier. A ce moment, on renverse la cornue qui oscille sur ses tourillons et l'on verse l'acier dans les lingotières. L'opération s'exécute avec une extrême rapidité et sans autre combustible que celui qui a été nécessaire pour mettre la fonte en fusion dans le cubilot.

C'est par ce procédé qu'ont été fondus en acier les canons énormes, les roues et les pignons de laminoir, les cylindres, les cloches et cette série infinie de pièces que l'Exposition du Champ de Mars renfermait à profusion, la plupart d'un poids et d'un volume énorme, tels que des cloches de 180 et de 300 quintaux, des arbres de 900 kilog., des canons de 16, 20, 38 et 50 tonnes !

Un fait important que révèle l'Exposition, quant aux fontes, c'est la diminution dans la proportion, et dans la quantité absolue de fonte au bois fabriquée, en même-temps que la quantité totale de fonte s'accroît. Ainsi, en 1855, la production totale de la fonte en France étant de 849,296 tonnes, celle de la fonte au bois était de 360,818 tonnes. Or, en 1866, la production totale de la fonte s'étant élevée à 1,253,100 tonnes, celle de la fonte au bois n'a plus été que de 213,000 tonnes, c'est-à-dire 17 p. 100.

La fabrication des fontes au coke a donc fait des progrès considérables. On en produit qui rivalisent avec les fontes au bois les plus réputées, du Berry, du Périgord et de Comté. Cette qualité supérieure, obtenue avec le coke, est due à l'introduction dans les lits de fusion de quantités plus ou moins grandes des minerais riches et manganésés du bassin méditerranéen, des Pyrénées, de Nassau ou de la Côte nord de l'Espagne. Cette importation est générale ; elle profite à six groupes sur neuf : la Moselle et la Champagne seules restent fidèles au minerai indigène.

Non-seulement le mélange des minerais étrangers avec nos minerais indigènes, a permis de fabriquer au coke des fontes de qualité comparable à celle des fontes fines au bois, mais il a encore permis d'obtenir des qualités de fonte qu'on ne pouvait fabriquer, sauf une ou deux rares exceptions, avec les minerais indigènes. En 1855, aucun haut-fourneau n'aurait pu fabriquer des fontes grises à Bessemer ou des fontes miroitantes, sauf, toutefois, nos usines des Pyrénées à cause de nos excellents minerais indigènes. Aujourd'hui, on en peut obtenir et on en obtient dans le groupe Sud-Est, dans le Centre, dans le Nord, dans la Comté, grâce aux minerais étrangers.

L'importance de l'introduction des minerais étrangers en France est le premier fait saillant qui ressort de l'exposition métallurgique du fer; un second fait tout aussi capital, c'est la spécialisation apportée dans la fabrication des fontes; les mêmes usines livrent des fontes d'affinage pour fer très ordinaire, pour fer ordinaire, pour fer amélioré, pour fer supérieur, pour fer fin, pour fer extra-fin; des fontes pour la fabrication de l'acier au bas-foyer, de l'acier puddlé, de l'acier Bessemer, fabriquées dans le même haut-fourneau, au moyen de changements dans le dosage des minerais. Enfin un troisième fait qui nous est plus particulier est ressorti pour nous de cet examen, c'est que, avec un avantage sinon supérieur, au moins égal à celui obtenu par l'usine Saint-Louis, à Marseille, nous pouvons fabriquer toutes les fontes spéciales qu'emploie la métallurgie moderne du fer, et par suite produire toutes les qualités de fer qui dérivent de ces fontes, et aussi l'acier, matière première d'industries si diverses et si nombreuses. Cet avantage sera bien plus grand encore, lorsque l'abaissement des tarifs sur nos voies d'eau et de fer nous permettra de recevoir à bon marché, par le port de Cette, les excellents minerais de Mokta-el-Hadid, qui se sont presque partout substitués aux minerais de l'île d'Elbe. Il en sera de même des minerais de l'Ariège, du Tarn, des Pyrénées-Orientales, lorsque le réseau de nos chemins de fer sera terminé.

Nous pouvons affirmer, dans tous les cas, que quelques centaines de mille francs que l'on affecterait à la réalisation de l'idée, que nous a depuis longtemps suggérée l'étude de nos expositions, procureraient à leur propriétaire des résultats plus certains que les entreprises lointaines auxquelles beaucoup de nos concitoyens confient d'énormes capitaux au grand détriment de notre industrie locale.

La métallurgie électro-chimique joue un rôle important à l'Exposition; ses produits sont nombreux et très remarquables. Les effets chimiques produits par l'électricité sur les métaux et les dissolutions métalliques étaient isolés et ne se rattachaient à aucune loi théorique. On sait actuellement que l'électricité, cet agent mystérieux, est une transformation de la force, et l'électro-chimie, fondée comme science et comme industrie, peut être nommée la *mécanique moléculaire.*

L'électro-chimie n'est pas seulement une grande science théorique, mais la source de plusieurs industries très prospères qui peuvent être comprises sous la dénomination générale de métallurgie électro-chimique dont les produits à l'Exposition sont ainsi dénommés : imitations de bronze en fonte, en zinc, etc. ; fontes revêtues d'enduits métalliques par la galvanoplastie, produits de l'électro-métallurgie, objets dorés, argentés, cuivrés, aciérés, etc., par la galvanoplastie.

Nous dirons seulement quelques mots des conditions techniques que la pratique a dû réunir pour obtenir ces beaux spécimens d'orfèvrerie électro-chimique et les grandes pièces monumentales d'électro-métallurgie qui figuraient à l'Exposition.

On se rappelle le succès qu'obtint, en 1855, à l'Exposition universelle française l'aluminium, métal isolé pour la première fois, à l'aide de l'électricité, en 1808, par Davy. En 1827, M. Wohler obtint chimiquement quelques grammes de ce même métal, dont M. Henri Deville présentait un lingot à l'Académie des Sciences, en 1854.

A cette époque, 1 kilog. d'aluminium coûtait 3,000 fr. ; en 1857, il ne coûtait plus que 300 fr. Cette diminution dans le prix de revient est uniquement due à la préparation plus économique du sodium employé pour réduire, dans le creuset, le chlorure double d'aluminium ou de sodium préparé directement d'abord avec l'argile, et maintenant avec la cryolithe, minéral qui existe en masses considérables dans le Groenland, à l'état de fluorure double d'aluminium et de sodium.

Malgré cette décroissance rapide dans le prix de revient, l'aluminium n'a pas eu un très grand succès. Sa cherté, son aspect terne ne l'ont fait accueillir que très difficilement dans la joaillerie. Mais un nouvel avenir a été ouvert à l'aluminium par la découverte du bronze d'aluminium. Ce bronze contient 90 p. 100 de cuivre p. 100 d'aluminium; il existe d'autres bronzes à 5 p. 100, à 7 p. 100 d'aluminium. Mais de ces trois alliages, c'est celui de 10 p. 100 qui est le plus utilisé, parce qu'il représente par ses propriétés physiques et chimiques un véritable métal. Il est dur, rigide, tenace, moins attirable que l'aluminium lui-même; sa couleur, lorsqu'il est poli, est d'un beau jaune d'or. L'étude des caractères de cet alliage, dit M. A. Oppermann, l'a conduit à faire un travail utile pour les métallurgistes, et qui démontre le rôle de l'électricité dans le mode de conservation ou d'altération des alliages.

Lorsque la combinaison est parfaite entre deux métaux, leurs capacités électriques sont confondues, l'alliage ne peut agir que comme conducteur : dans le cas d'un mélange, il se produit un effet analogue à celui qui se manifeste lorsque les métaux sont simplement juxtaposés, le caractère positif de l'un exalte le caractère négatif de l'autre: c'est pourquoi le bronze d'aluminium à 10 p. 100 se comporte comme un vrai métal et non comme un *magma* de métaux plus ou moins bien associés moléculairement par voie de fusion.

On sait que tous les métaux inaltérables à l'air et à l'eau sont susceptibles d'être déposés sur le fer, l'acier et la fonte. Si ces métaux étaient déposés sans aucun soin spécial, il se formerait au contact un couple électrique, qui activerait, comme il vient d'être dit, la destruction plus rapide de la matière ferrugineuse. Il faut donc procéder d'après des principes bien déterminés, pour déposer sur le fer, l'acier ou la fonte des couches protectrices de ces différents métaux inertes, zinc, étain, cuivre, pour les pièces à grande surface, nickel, cobalt, argent, or et même platine, pour les objets d'art de moindre importance en surface. M. Sorel a rendu un service capital à la télégraphie électrique en zinguant les fils de fer qui servent de conducteur. La *galvanisation* du fer est aujourd'hui une des grandes industries électro-métallurgiques. Sans elle, on en serait réduit à employer des fils de cuivre recouverts en gutta-percha, qui imposeraient une dépense énorme. Mais ce ne sont pas seulement des fils de fer que l'on galvanise, ce sont aussi des pièces de fonte de grosse ornementation, dont les spécimens abondent dans toutes les parties de l'Exposition, tels que statues, pilastres, candélabres, bas-reliefs, pièces de machines, etc.

Pour obtenir les produits de cette grande industrie, on observe le principe suivant :

Le fer, ou la fonte, est décapé dans des acides qui ont servi à purifier les huiles ; l'oxyde de fer seul est dissous : on sèche la matière à l'étuve, puis on l'immerge dans le zinc en fusion ; l'adhérence a lieu, le fer sort zingué (ou galvanisé) superficiellement. Lors même qu'une parcelle de zinc se détacherait, le fer ne subirait pas l'action corrosive de l'air, car dans le *couple électrique* résultant du fer et du zinc ainsi superposés, le fer ne prend pas l'oxygène de l'eau décomposée (il est négatif). Tel est le point important observé par M. Sorel, et sur lequel se trouve basée cette magnifique industrie électro-métallurgique.

Le fer est le métal le plus difficile à obtenir à l'état de pureté absolue. De tous ses composés, de tous ses minerais, il sort combiné avec un ou plusieurs éléments. Ce métal est un vrai absorbant. L'industrie *physique* a grand besoin de fer pur, et la chimie ne saurait le lui fournir : lorsque l'électricité est employée aujourd'hui d'une manière si générale, il est à regretter qu'on ne puisse construire des électro-aimants à noyaux de fer réellement *pur*, par suite, privés de magnétisme permanent. On le regrettait surtout quand on se trouvait en présence de cette gigantesque exposition de fers, aciers, fontes de toutes provenances, dus à tant de procédés différents. Minerais très riches et très favorables par leur composition, modes de traitements bien entendus, produits superbes au point de vue des arts de construction, mais pas de produits *chimiquement purs*. La science a encore à travailler sur cette grande question industrielle. C'est en raison même de l'impureté de cette matière première des constructions actuelles, que, quel que soit son état : fer, acier ou fonte, elle ne peut affronter le contact de l'air ou de l'eau sans s'altérer. L'aluminium, ce métal plus délicat, serait moins altérable. Pourquoi ? C'est que les métaux qui sont incorporés dans la masse ferrugineuse organisent autant de couples voltaïques qui, agissant sur l'humidité du milieu environnant, activent de plus en plus l'oxydation du métal. Qu'on mette, en effet, une goutte d'eau sur une lame de fer bien polie, en quelques instants elle aura disparu, en laissant une tache d'oxyde (la rouille) :

l'oxyde et le métal font couple électrique, et l'oxygène de la vapeur d'eau décomposée ronge très vite le métal jusqu'à une épaisseur notable. Il faut donc, pour que ces dérivés de fer se conservent intacts au sein de l'air ou de l'eau, les isoler complètement des milieux environnants; les couches de peinture ne suffisent pas toujours : c'est la métallurgie électro-chimique qui a fourni la vraie solution de la question. Le fer ordinaire, l'acier ou la fonte, sont donc déposés dans une corbeille faite des deux métaux, cuivre et zinc; ils reposent sur le cuivre; on plonge le tout dans un bain constitué ainsi : protochlorure d'étain, 20; eau, 106; pyrophosphate de soude, 5; soude, 1. L'étamage se produit alors en raison du faible courant électrique engendré par le couple que forme la corbeille.

On sait comment on étame le fer ou le cuivre directement; mais ce n'est pas là l'étamage électro-chimique; l'ouvrier ne dépose qu'un alliage sur le métal, tandis que pour les *épingles*, il faut un étamage électro-chimique, qui dépose sur le laiton une couche mince et adhérente de métal inoxydable d'étain, et ce dépôt ne peut être effectué que par l'électricité.

Le cuivrage galvanique du fer et de la fonte est une industrie électro-chimique toute nouvelle et dont l'importance est déjà considérable, ainsi qu'on en acquiert la preuve à l'Exposition. Le cuivre se dépose, par voie électro-chimique, en couche mince ou en couche épaisse sur le fer, l'acier, la fonte; en couche mince, si l'on veut argenter ou dorer les pièces, ces métaux n'adhérant pas directement au fer; en couche épaisse, lorsqu'on veut les protéger contre l'influence destructive de l'air ou de l'eau.

La méthode de cuivrage en couche mince, la plus anciennement en usage, consiste à soumettre à un bain de cyanure de cuivre et de potassium la pièce de fer fixée au pôle négatif d'une pile de quelques couples, le pôle positif communiquant à un anode de cuivre; le cuivrage s'effectue immédiatement. On peut alors porter la pièce dans le bain d'argent ou dans le bain d'or; on peut aussi continuer son cuivrage en épaisseur dans un bain de sulfate de cuivre; il paraît que la couche mince provenant du cyanure isole en quelque sorte le fer du cuivre à gros grains qui se dépose dans le bain de sulfate.

Lorsque le fer et le cuivre se trouvent en contact, ils constituent un couple électrique dont l'effet est d'activer l'oxydation du fer, par suite de son action sur la vapeur d'eau de l'atmosphère ambiant, le fer étant *négatif* par rapport au *cuivre*. Ce métal ne protégera donc le fer qu'à la condition qu'il en soit isolé. C'est la question dont M. L. Oudry a donné la solution. Le principe de cet habile électro-chimiste consiste à séparer les deux métaux par un vernis tellement isolant et homogène, qu'une mince couche suffise à intercepter entr'eux toute relation. La découverte de ce vernis, l'heureuse combinaison des opérations successives, la réalisation du cuivrage épais sur fonte, fer ou acier, constituent l'œuvre de M. Oudry. La pièce de fonte expédiée à l'usine, à l'état brut, est repassée au ciselage, puis décapée à l'eau ou acidulée par l'acide chlorhydrique ; alors on applique deux couches de *vernis isolant* et l'on plombagine.

Le bain constitue un appareil simple de galvanoplastie ; c'est-à-dire que les pièces immergées dans la cuve qui renferme la dissolution acide de sulfate de cuivre correspondent avec les zincs qui plongent dans les vases poreux contenant l'eau acidulée qui se trouve dans cette cuve ; on sait qu'une loi essentielle de l'électro-chimie est l'équivalence des surfaces électrodes mises en présence. Parmi les magnifiques pièces d'ornementation, de statuaire en fer ou en fonte cuivrés qui fixaient l'attention à l'exposition, on remarquait des pièces de fonte diverses couvertes d'un enduit dit électro-métallique. M. Oudry a imaginé de pulvériser, au marteau-pilon, le cuivre galvanique qu'il recueille dans ses cuves, et de les mélanger avec des huiles siccatives, c'est là l'enduit ainsi désigné. Une pièce de fonte vernie au minium, puis enduite de cette peinture, prend un bel aspect cuivré ; la finesse et la ténacité de cet enduit sont tels, qu'il supporte le bronzage. Les villes de province ont tout intérêt à employer cet enduit protecteur pour les candélabres, les grilles, etc., au lieu de ces couleurs au minium ou autres qui ne peuvent résister qu'un temps très court : l'économie est considérable, et l'ornementation y gagne.

On reproche au cuivre de galvanoplastie un manque de ténacité : il n'a, en effet, que celle du cuivre fondu, même quand il est obtenu dans les meilleures conditions.

Cet inconvénient a disparu grâce à la découverte de M. Bouilhet. Ce dernier, en effet, a constaté que, si l'on ajoute à un bain de sulfate de cuivre une faible dose de gélatine, le cuivre obtenu est infiniment plus dur. Le bain est-il modifié sous le rapport de sa conductibilité, ou s'interpose-t-il, ce qui est moins probable, un peu de la matière organique elle-même entre les molécules du métal, cette matière jouant un rôle spécial comme celui du carbone dans l'acier ? On ne sait, mais quoi qu'il en soit,il y a entre le cuivre déposé dans le bain contenant de la gélatine, et celui que l'on a obtenu dans un bain pur une différence extrême. Tandis que celui-ci rappelle le cuivre *fondu*, celui-là équivaut au cuivre *laminé* le plus pur ; il est dur, homogène, ou poreux et très malléable. M. Bouilhet a comparé ces deux métaux *d'origine électro-chimique*, en employant deux disques identiques comme épaisseur, de l'un et de l'autre métal dont il a fermé les deux extrémités d'un cylindre de bronze, puis de l'eau a été injectée dans ce cylindre.

Dès que le liquide s'est trouvé soumis à la pression de *douze atmosphères*, la lame de cuivre fondu s'est fendue, tandis que l'autre a résisté à une pression de *vingt atmosphères*. Cette propriété de la gélatine, susceptible d'être interprétée de plusieurs manières, n'a pas encore reçu d'explication réellement plausible, mais elle est positive et intéressante.

Un fait non moins intéressant est révélé par l'étude des procédés galvanoplastiques que nous avons faite à l'exposition. M. Frédéric Weil, en effet, est parvenu à cuivrer le fer et la fonte directement, c'est-à-dire, sans interposer d'enduit isolant entre le métal à protéger et celui protecteur. Les spécimens que nous avons vu exposés par la *société des revêtements métalliques*, qui exploite le procédé Weil, sont très remarquables comme finesse de détail, et netteté de dépôt. Le principe sur lequel repose cette méthode est l'emploi d'une dissolution d'un sel de cuivre basique et additionné d'une matière organique. La pièce de fer, d'acier ou de fonte plongée dans ce bain n'est nullement attaquée, et ne détermine pas la précipitation du cuivre. Mais vient-on à lier ces objets avec des fils de zinc, ils se recouvrent d'une couche de cuivre qui, si mince qu'elle soit, est parfaitement adhérente, et tient tellement qu'elle résiste à l'action du gratte-bosse.

Le bain est ainsi constitué :

Eau.	10 litres
Tartrate de potasse et de soude .	1 500
Sulfate de cuivre	0 350
Soude	0 800

Les objets à cuivrer sont décapés à l'eau acidulée par l'acide chlorhydrique ; passés à un bain alcalin, lavés à l'eau ordinaire, séchés, grattebossés, mis enfin en communication, ou, pour mieux dire, liés avec un fil de zinc et jetés dans un bain de cuivrage. Au bout d'un temps qui varie selon la nuance et l'épaisseur de la couche, de trois à soixante-douze heures, on arrête l'action. Les objets sont lavés à l'eau chaude, séchés, grattebossés. Ce procédé est intéressant par les avantages qu'il présente et qui sont nombreux : « Economie de la main-d'œuvre, rapidité et simplicité d'opération, fidélité de reproduction, puisqu'il n'existe aucune couche étrangère entre le fer et le cuivre, enfin chose importante, suppression de pile. »

L'action qui préside à ce cuivrage est probablement à la fois électrique et chimique. Il y a évidemment couple formé entre le zinc et le fer, et dépôt de cuivre sur ce dernier, mais comme il n'y a pas *équivalence chimique* entre le zinc consommé et le cuivre déposé, il faut nécessairement qu'une autre continue celle déterminée par l'électricité; cette action *seconde* est probablement celle réductrice de la matière organique sur la dissolution cuivrique ; ce qui tend à le prouver, c'est qu'il faut rajouter le tartrate de potasse et de soude, en équivalent avec la quantité de sulfate de cuivre décomposé; l'alcali a pour but d'empêcher le fer d'être attaqué par le sel de cuivre. Si l'on varie la composition du bain, en augmentant, par exemple, sa richesse en sulfate de cuivre, il ne peut plus *cuivrer;* mais, d'après les proportions, il *colore* les objets selon les nuances que l'on obtient à coup sûr, *orangé*, *blanc d'argent*, *jaune citron*, *rouge cramoisi*, et enfin bronze.

Ces couleurs sont tellement établies qu'elles résistent au gratte-bossage.

M. Becquerel, a, dans ces derniers temps, appelé l'attention des électro-métallurgistes sur les qualités physiques du Nickel et du Cobalt, et montré qu'on pourrait avantageusement *nickeler* et *cobalter* comme on *argente* et l'*on dore*. Le nickel pur est inaltérable à l'air et à l'eau, il en est de même du cobalt. L'opération est très aisée et très rapide en employant un des sels solubles de ces métaux en en rendant la solution aqueuse alcaline,avec l'ammoniaque.

On avait, dans un temps, essayé de platiner les petits objets de fer; il serait plus avantageux de les recouvrir ainsi de nickel ou de cobalt qui leur donne une nuance presque identique.

La galvanoplastie est une industrie qui doit se généraliser, parce qu'elle répond, comme la photographie, à un intérêt général; mais elle n'est, comme on l'a vu, qu'un cas particulier de l'électro-métallurgie, *science industrielle* qui n'a encore pris naissance qu'en France : c'est donc vers cette science que les praticiens doivent, de plus en plus, porter leur attention.

Dans le groupe V, que nous continuons d'examiner, se trouvent compris les produits chimiques, qui renferment une classe nombreuse d'objets se rattachant à une foule d'inventions et d'opérations scientifiques.

Parmi les arts qui se rapportent à la chimie, la photographie a pris, de nos jours, une très large place. Cela tient autant à la perfection à laquelle elle est arrivée qu'à l'importance de la fabrication des produits chimiques qu'elle emploie. Sans faire ici l'histoire du progrès de l'art photographique, on peut citer ceux qui rentrent dans le domaine du chimiste. C'est, grâce à lui, grâce à ses découvertes, que la netteté et l'inaltérabilité des épreuves ont été obtenues par la photographie au charbon, et que les procédés héliographiques ont été appliqués aux émaux, aux vitraux, et enfin à l'imprimerie dite héliographique.

Bien que la photographie ne soit pas parvenue à fixer les couleurs naturelles, elle est arrivée à faire des épreuves de couleur, dont nous avons vu des spécimens exposés par M. Niepce de Saint-Victor. Les gravures en taille douce, présentées par

M. Amand Durand, sont la preuve du progrès immense que l'imprimerie héliographique a fait tout récemment, et des nouveaux horizons qui sont ouverts à cet art précieux.

C'est aussi le chimiste qui a trouvé dans l'argile ce métal connu sous le nom d'aluminium, et qui a été répandu avec tant de profusion dans la composition du globe, qu'on peut dire, si l'on en peut juger par ce que nous connaissons de sa surface, qu'il en constitue en quelque sorte la charpente. Combiné, en effet, à l'oxygène ou à la silice, l'aluminium forme la base des terrains granitiques, qui peuvent être considérés comme les fondations du sol, et le feldspath lui-même, un des éléments essentiels des masses granitiques, n'est autre chose qu'un silicate double d'alumine et de potasse.

Ainsi, c'est bien la chimie qui nous a appris que c'est à ce métal que les roches primitives ou plutoniques doivent leur aspect et leurs caractères distinctifs. Cette science nous apprend encore que si l'on passe aux roches de transition, aux terrains que l'on a appelés métamorphiques, parce qu'on a pensé que, formés primitivement par l'eau, ils devaient leur dernier état au contact des roches ignées, on reconnaît que l'aluminium communique aux terrains schisteux et ardoisiers cet aspect que l'on ne retrouve nulle part, et que l'alumine est l'élément indispensable à la structure de ces masses fendillées que les géologues appellent schistes, et où l'industrie est allée chercher les ardoises qui recouvrent nos toitures.

Si nous suivons ces intéressantes recherches de la science, nous trouvons que c'est surtout à mesure que l'on se rapproche de la surface du globe que l'aluminium joue un rôle de plus en plus important; que l'*argile* forme, en effet, ces couches énormes qui recouvrent les terrains primitifs depuis les premiers dépôts jusqu'à ceux qui se continuent de nos jours, et que cette argile n'est autre chose que le produit de la décomposition des granits par l'action lente de l'air et de l'eau qui emporte les matières solubles, la potasse et la soude, ne laissant qu'un mélange de quartz et de silicate d'alumine ; mélange qui, en abandonnant le quartz plus ou moins complètement, finit, en se mélangeant avec des proportions plus ou moins grandes de carbonate de chaux, par constituer ce que l'on appelle les *marnes*.

La chimie nous révèle également ce fait curieux, que si l'aluminium paraît constituer, par ses combinaisons avec l'oxygène et le silicium, la base du monde minéral, il semble tout-à-fait inutile à la constitution du monde organique, car l'analyse chimique démontre que l'on peut considérer l'alumine ou les autres composés d'aluminium comme complètement étrangers à la constitution des plantes et des animaux.

L'étude de la section des produits chimiques à l'Exposition universelle, nous a appris que nous ne devons pas seulement à l'argile la fertilité de notre sol, les matériaux de la céramique et de la pyrotechnie, ces solides teintures sur tissus de soie, de laine et de coton, sur lesquels l'alumine sert à fixer les couleurs les plus riches et les plus variées; mais qu'encore une riche industrie venait de lui emprunter de nouveaux et précieux éléments de production. C'est tout récemment, en effet, de l'aluminium que MM. Deville et Caron, dont on connaît les intéressants travaux sur le fluorure d'aluminium, sont parvenus à obtenir des pierres artificielles, que l'on fabrique aujourd'hui avec une grande facilité. Nous avons vu dans l'exposition de la Joaillerie de très remarquables spécimens de *Corindon* artificiel qui le dispute presque au diamant par la beauté et l'éclat, et qui est formé essentiellement d'alumine; coloré en bleu, il constitue le *Saphir;* en rouge, il prend le nom de *Rubis oriental;* en jaune, on le nomme *Topaze orientale.* L'*Améthyste orientale*, l'*Emeraude orientale*, autres variétés du corindon, sont parfaitement imitées. Il en est de même de la *Spinelle*, belle substance généralement rouge, tirant un peu sur le rose, et composée essentiellement d'alumine, de magnésie et de fer.

L'industrie de la Joaillerie trouvera d'autant mieux à s'approvisionner de ces pierres, que, autant l'opération qui avait pour objet la production de l'aluminium était autrefois compliquée, difficile et coûteuse, autant aujourd'hui, grâce aux progrès de la chimie industrielle, cette opération est devenue facile et économique.

Deux méthodes fort simples sont aujourd'hui en usage pour la fabrication de ce métal.

Toutes les deux emploient le sodium commun : mais dans l'une de ces méthodes, on le fait réagir sur le chlorure d'aluminium et de sodium ; dans l'autre, on a recours au fluorure double d'aluminium et de sodium ou cryolithe, minéral qui se trouve en masses considérables au Groënland, qu'on ne possédait autrefois qu'à l'état d'échantillons dans les collections minéralogiques, et qui est fourni aujourd'hui en quantités considérables aux usines danoises et françaises.

La formule de la cryolithe d'après M. H. Deville, est $Al^2.Fl.3$ (*n a o*), formule qui donne pour sa composition en centièmes :

Aluminium	13 27
Sodium.	32 70
Fluor.	54 03
	100 »

Rien de plus simple que l'extraction de l'aluminium à l'aide de cette substance qui se présente dans des conditions de pureté qu'il est difficile d'obtenir par le chlorure double. Après l'avoir réduite en poudre fine, on la mélange avec une certaine quantité de sel marin, puis on la stratifie avec du sodium, d'après la proportion de deux parties de ce dernier métal pour cinq parties de cryolithe, dans de grands creusets réfractaires. Ces creusets sont chauffés, soit dans des fours à reverbère, soit dans des fourneaux à vent qui peuvent donner une température assez élevée pour fondre le fluorure de sodium, produit de la réaction. Le fluorure de sodium exigeant une température assez forte pour entrer en fusion, la température doit être nécessairement plus élevée que dans la réduction du chlorure double. Lorsque le contenu des creusets est fondu, de manière à être bien liquide, on le coule dans des vases de fonte, au fond desquels on trouve l'aluminium réuni sous forme d'un ou plusieurs culots. Il ne reste plus qu'à refondre le métal et à le mettre en lingots.

A l'exposition, les produits chimiques pouvaient être divisés en six grandes classes : — I. Couleurs organiques. — II. Couleurs minérales. — III. Acides et alcalis. — IV. Alcaloïdes végétaux. — V. Corps gras. — VI. Vernis.

I. *Couleurs organiques.* — Si l'on considère l'immense quantité de couleurs organiques qui existent, on doit les classer en deux grandes subdivisions : 1° les couleurs organiques artificielles ; 2° les couleurs organiques naturelles.

1° Les couleurs organiques *artificielles* sont à peu près les plus importantes de nos jours ; elles dérivent de quatre types principaux : l'acide urique, l'aniline, l'acide phénique, la naphtaline. Ces trois dernières tirées du goudron de houille produit de la distillation de la houille pour l'éclairage au gaz.

Une seule couleur dérivée de l'acide urique a été employée, la murexide, mais son emploi paraît aujourd'hui complètement abandonné.

Les couleurs dérivées de l'aniline sont réellement les plus importantes ; car elles comportent à peu près toutes les nuances.

Parmi les couleurs dérivées de l'acide phénique, l'acide picrique tient la première place pour la teinture en jaune. La coralline ou péonine vient se ranger ensuite avec l'azuline qui donne de si beaux bleus, et que l'on peut confondre avec le bleu de Lyon. La naphtaline donne des couleurs analogues aux couleurs d'aniline.

2° Les couleurs organiques naturelles sont d'une grande importance, elles dérivent dans le règne animal, de la cochenille, et forment le carmin et les laques carminées ; dans le règne végétal, elles dérivent de la garance, des bois de teinture, des lichens (orseille), du rocou, du cachou et de l'indigo.

II. *Couleurs minérales.* — Ces couleurs occupaient une grande place à l'Exposition, et il serait fort difficile de les apprécier justement. On y remarquait de beaux bleus d'Outre-mer, des bleus de Montreuil, des sels de cobalt, et des couleurs vitrifiables, d'une grande beauté à côté des couleurs inoffensives pour confiseur, de M. Imhof de Aarau (Suisse).

III. *Acides et alcalis.* — La fabrication des acides a pris de nos jours un immense développement. Aussi les fabricants abondent-ils, et l'on pouvait voir dans les vitrines de l'Exposition des échantillons très-remarquables par leur bonne couleur ; mais la couleur n'est pas un indice suffisant de pureté. On remarquait parmi tous ces produits de magnifiques échantillons d'acide phosphorique vitreux.

Quantité de sels ne sont obtenus que comme produits secondaires de fabrication, et cependant leur emploi est assez grand pour que des fabriques importantes aient monté à grands frais des appareils spéciaux. C'est ainsi que dans la fabrication du charbon de bois en vase clos, on recueille les acides pyroligneux et acétiques dont les acétates donnent d'excellente céruse. Dans la fabrication du gaz, outre les huiles de houille, on obtient des eaux ammoniacales dont on retire les sulfocyurates d'ammonium pour la photographie, et les sels employés en agriculture. Les chromates, dont l'emploi dans la teinture et comme oxydants est si général, étaient largement représentés. Le sodium trop cher encore pour les nombreux usages qu'on en peut faire, le magnésium dont la lumière obtenue par la combustion de ce métal a été heureusement appliquée à la photographie et qui, en raison de cette application, donne lieu à une production industrielle importante ; enfin, l'iode et le brome avaient des échantillons remarquables. Parmi tous ces produits, figuraient encore un produit spécial, l'ozokérite, sorte de cire minérale ayant une forte odeur de goudron de houille, le thallium accompagné de ses sels, des phénols et des cressyhol, des acides valériques et des valérates.

IV. *Alcaloïdes végétaux.* — La plupart des substances rangées dans cette catégorie, sont des poisons terribles. Cependant, certains sont employés chaque jour en médecine et avec le plus grand succès ; il suffit de nommer la quinine et les alcaloïdes de l'opium. Quelques autres, tels que la strychnine et la curarine, ne peuvent être employés qu'à des doses infinitésimales et dans des cas tout spéciaux, ou pour l'empoisonnement des animaux nuisibles. La France tient le premier rang pour tous ces produits.

V. *Corps gras.* — Sous ce titre sont compris les savons, les bougies, les cires et les huiles animales. La fabrication française est, pour les savons, supérieure à toutes les fabrications étrangères. Pour les bougies, la question est plus difficile à résoudre ; l'Autriche et l'Angleterre font une rude concurrence à la France. Toulouse n'avait rien envoyé, c'est regrettable ; on y fabrique très bien la bougie stéarique et les cierges.

VI. *Vernis et colles fortes.* — Notre ville possède encore des établissements où se fabriquent avantageusement ces deux produits : leurs vernis et leurs colles n'eussent pas été déplacés à l'Exposition universelle.

Le groupe que nous examinons comprend les fils et les étoffes ayant subi la teinture et l'impression. Dans les produits de ce genre, propres à la fabrication toulousaine, nous avons examiné, dans l'Exposition française, des mouchoirs dits *Lapis riche.* Ces tissus présentaient une mauvaise impression, faisant une chaîne, c'est-à-dire s'étendant sur la toile et ne formant qu'un corps; un mauvais coloris, un rouge terne et de couleur de brique, au lieu d'être clair et vif, une opération de cuve beaucoup trop faible, tels étaient les défauts graves de ces produits. Les mêmes défauts se remarquaient dans les *Indiennes lapis* pour meubles; de plus, coloris, contrefonds ou grands effets de couleur, tels que blanc, manqués; la teinte était rosée; au lieu d'être blanc-mat; les nuances tourterelle et celle dite mode étaient mauvaises.

Un *enlevage gros violet*, imprimé en un dessin picoté avec une réserve blanche, a une bonne teinte, mais une impression défectueuse.

L'Espagne avait envoyé des Lapis riches présentant une mauvaise fabrication sous tous les rapports. Un *genre laine*, imprimé sur teinte canelle ou cachou, offrait une bonne teinte, une impression irréprochable, mais un mauvais coloris.

La Suisse présentait des Lapis riches d'une bonne fabrication, et en tous points supérieurs à tous les objets du même genre exposés.

En voyant l'infériorité de ces produits, nous avons vivement regretté que les fabricants de Toulouse, ville qui s'est placée au premier rang pour l'impression sur coton, pour les mouchoirs de tout genre et les indiennes-meubles, n'aient pas envoyé leurs articles à l'Exposition de 1867. Nul doute qu'ils n'eussent eu une large part dans les récompenses qui ont été décernées par le Jury; car ils l'emportent sur les produits de toutes les parties du monde. L'Exposition, au reste, n'offrait rien de nouveau comme amélioration à apporter à la fabrication des articles de Toulouse, qui ne peuvent se faire qu'à la main.

L'industrie des cuirs et peaux a fait des progrès remarquables, principalement au point de vue de la teinture des maroquins, par l'application des couleurs d'aniline, qui permet de donner les teintes les plus vives et les mieux assorties avec les étoffes. Au point de vue du tannage, il n'y a point de progrès à signaler; on connaît les mauvais résultats des essais tentés jusqu'ici pour remplacer le tan et diminuer la durée des anciennes préparations.

La France et la Belgique avaient les plus remarquables expositions de cuir. Les produits de Toulouse, très supérieurs, eussent certainement, s'ils y avaient figuré, affirmé hautement nos progrès dans cette précieuse et grande industrie.

GROUPE VI.

Dans ce groupe, l'un des plus importants de l'Exposition universelle, sont classés les moteurs et les machines et appareils de la mécanique générale, les machines-outils, etc.

Nous ne parlerons pas des moteurs hydrauliques, dont quelques rares spécimens s'offraient à l'examen des visiteurs, examen d'ailleurs incomplet et impossible, dans les conditions où se trouvaient certains des récepteurs de ce genre exposés.

Le moteur qui avait littéralement envahi le Champ-de-Mars était la machine à vapeur. Elle se présentait sous des formes nombreuses et parfois nouvelles. Les machines à rotation directe, dites *rotatives,* les machines à balancier, les machines horizontales, les machines à chaudière tubulaires fixes ou locomobiles, les machines verticales, etc., avaient toutes leurs spécimens provenant des diverses parties de l'Europe et de l'Amérique (Etats-Unis).

Nous ne pouvons examiner ici, on le comprend, les machines à vapeur que d'une manière générale, car vingt volumes ne suffiraient pas pour décrire toutes celles que renfermait l'Exposition universelle.

Le fait saillant de cette exhibition si complète, c'est que les machines horizontales tendent à détrôner toutes les autres. Ce sont certainement les plus nombreuses parmi celles que nous avons vues au Champ-de-Mars.

Le régulateur de Portes commence à le disputer à celui de Farcot, mais le système de détails de ce dernier est toujours le plus employé. On comprend sans peine, en effet, toute la perte qu'il y a à régulariser la marche par l'étranglement de la vapeur, et, par conséquent toute l'économie qui résulte de la régularisation par la fermeture plus ou moins prompte des orifices d'admission. L'idée de M. Farcot a été des plus heureuses, et le succès l'a bien démontré.

Les constructeurs semblent généralement avoir compris toute l'économie que l'on peut réaliser en employant de hautes pressions, concurremment avec la condensation et une détente très prolongée, réglée, du reste, par le régulateur. C'est là le système de machines le mieux représenté. Le condenseur est à double effet, à introduction d'eau en pluie et non pas à refroidissement par surface. Les tiroirs ont du recouvrement à l'intérieur et à l'extérieur, et la vapeur est comprimée à la fin de la course; il y a avance à l'émission. Les lumières sont multipliées, afin de réduire la course des excentriques, tout en augmentant la section des orifices d'introduction; et, pour que le frottement des glissières ne soit pas exagéré par les trop grandes dimensions des tiroirs, ceux-ci sont presque toujours équilibrés. Enfin, il n'est presque pas de machines qui n'aient une chemise de vapeur, alimentée directement par la chaudière, et où la vapeur se dépouille de l'eau qu'elle a entraînée avant d'arriver dans la chapelle de distribution. En outre, il y a une enveloppe de matières non conductrices à la paroi cylindrique, tout au moins; une machine présentait seule ses fonds enveloppés de la même manière.

Une machine de ce genre, de Vienne (Autriche), avait toutes ses pièces en acier fondu. Les pièces mobiles sont ainsi réduites à la plus grande légèreté, tout en conservant une grande solidité. De plus, leur frottement doit être grandement diminué, et surtout le travail de ces frotteurs, le coefficient de frottement de l'acier étant moindre que celui du fer, et les chemins décrits étant réduits autant que possible.

Les constructeurs emploient généralement deux termes pour désigner la force d'une machine à vapeur, ceux de *force nominale* et ceux de *force théorique*. D'après eux, il faut entendre qu'une machine de la *force théorique* de 100 chevaux n'a qu'une *force nominale* de 60 chevaux. Il est assez difficile de se rendre compte de la signification de ce terme, *force nominale*, en France surtout. En Angleterre, les constructeurs estiment la force nominale de leurs machines chacun à sa façon et d'après les dimensions seules du cylindre, afin d'estimer leurs prix : l'amirauté anglaise a bien donné une formule, d'après laquelle la force nominale serait proportionnelle simplement à la surface du piston moteur ; mais la pression, la longueur de la course, le nombre de tours n'y interviennent pas, de manière que la force nominale donne tout au plus une vague idée des dimensions.

Il ne faut donc pas attacher une grande valeur à la désignation de la force de la machine par chevaux nominaux, pas plus qu'à la réduction du prix par cheval. Les constructeurs devraient plutôt s'attacher à mesurer au frein la force en chevaux maximum, disponible à l'arbre du volant de leur machine, et indiquer leur prix par cheval de force réelle. Alors il deviendrait possible d'établir des prix comparatifs, et le vendeur comme l'acheteur n'auraient qu'à y gagner. A ce point de vue, l'attribution des médailles aux expositions ne peut, en aucune manière, éclairer l'acheteur.

S'il ne s'agissait que du nombre ou de la grandeur des machines exposées, un jugement serait facile ; mais s'il faut juger du mérite qu'elles révèlent comme invention, comme exécution, comme abaissement de prix, la chose devient difficile, sinon impossible.

Dans tous les secteurs, français, anglais, américains, belge ou allemand, les machines exposées (la plupart construites, il est vrai, en vue de l'Exposition) brillent par leur bonne et solide construction, et démontrent que nul peuple, nul atelier, n'a le monopole des bons ouvriers. La sanction que la pratique a accordée aux découvertes des inventeurs de tous les pays, démontre encore que l'imagination n'est l'apanage d'aucune nation en particulier, bien que l'Angleterre et l'Amérique surtout déploient une hardiesse incroyable. La Belgique l'emportait autrefois pour le bas prix des constructions. Mais aujourd'hui les différences commencent à se niveler, sous la puissante et irrésistible influence des communications et de la création de nombreuses relations aux Concours universels. Car si ces concours n'offrent guère de critérium de jugement, ils ont du moins une puissante action sur les progrès de l'industrie et de la science chez tous les peuples. Dans ces vastes foires où sont réunies tant de choses à étudier, chacun profite de l'expérience de son voisin, chacun cherche à se mettre à sa hauteur. De même que les publications périodiques, les Expositions universelles ont un effet, sinon un but éminemment civilisateur, niveleur et humanitaire.

Les moteurs se jugent au point de vue de l'économie avant tout; et toute comparaison qui ne serait point basée sur des expériences contradictoires, faites avec tout le soin et l'exactitude possibles, serait hasardée, quand même elle aurait à son appui des raisonnements de l'apparence la plus solide. La consommation du travail moteur, le rendement, la durabilité des machines, sont trois éléments essentiels à connaître, et dont on ne peut s'assurer dans une exposition.

Watt construisait, au début, des machines d'épuisement avec des chaudières à grandes grilles qui ne dépensaient pas plus de 3 kilog. 100 par force de cheval de 75 kilogrammètres et, il y a quelques années encore, on ne trouvait pas le chiffre de 3 kilog. de bonne houille par cheval et par heure trop exagéré même pour les fortes machines. Aujourd'hui, celui qui n'a pas réduit à 1 kilog. la consommation de ses machines, est arriéré. Dans tous les cas, il serait possible de citer de nombreux exemples de machines qui démontrent que depuis Watt, la consommation, en général, a été réduite de 50 pour cent; quelques constructeurs garantissent même 1 kilog. seulement. Disons, toutefois, que ces chiffres n'ont guère de valeur à l'égard de la comparaison à faire entre les machines motrices considérées indépendamment des générateurs à vapeur. Souvent le constructeur de machines ne fournit, ni la chaudière, ni même les dessins de la chaudière, ou de son installation. Dans ce cas, s'il y a économie ou surcroît de dépense, on ne sait à qui l'attribuer. Il serait donc indispensable qu'on fît connaître pour toute machine : 1° Le coefficient de rendement de la chaudière; 2° Celui de la vapeur; 3° Celui du mécanisme; 4° La consommation en vapeur, en graisse; les frais d'entretien et d'amortissement; le tout basé sur des expériences prolongées et dans les conditions ordinaires, non pas sur un essai fait à la hâte. Tant au point de vue scientifique qu'au point de vue industriel, il est regrettable que les constructeurs négligent de faire de continuelles expériences sur les machines qu'ils fournissent. Ils se privent du plus puissant moyen de s'éclairer eux-mêmes sur les qualités et les défauts des dispositions adoptées : ils négligent une légère dépense qui leur procurerait, sans aucun doute, de grands profits, et ils privent la théorie d'un élément essentiel d'appréciation : l'expérience. Parmi les machines à rotation directe, on remarquait la machine rotative exposée par MM. Pilliner et Hill. Cette machine a fonctionné pendant quatorze mois, sans accident, dans une corderie, avec une vitesse de 550 révolutions par minute. Avec 1, 2/3 atmosphère de pression, et 200 révolutions par minute, elle fournit une force indiquée de 138 chevaux et n'occupe pas un espace horizontal de plus de un mètre carré et demi. On n'a, que nous sachions, jamais fait une machine à rotation directe de cette force; disons que l'essai de MM. Pilliner et Hill a complètement réussi.

Le piston moteur de cette machine, se compose de deux roues parallèles portant chacune huit dents d'engrenage. L'une de ces roues, celle qui dans le mouvement est roue menante, est calée sur l'arbre moteur qui porte la poulie de transmission ; l'autre, la roue menée, tourne sur un axe spécial qui n'est en communication avec aucune autre pièce de la machine. Ces deux roues sont enfermées dans une boîte ou cylindre, où elles tournent librement, mais de manière que la vapeur ne puisse fuir entre la pointe des dents et la paroi de la boîte. A cet effet, à la pointe des dents, dans une entaille pratiquée longitudinalement, sont placées une ou deux barres mi-plates, en acier, que des ressorts pressent vers l'extérieur, des buttoirs empêchent les ressorts de chasser les lames d'acier hors de la rainure qui les loge. Il est inutile d'armer plus de deux dents de ce genre de bourrage, et les constructeurs se sont arrêtés à ce nombre dans la machine exposée.

Dès que la vapeur arrive dans le cylindre, les dents de la roue menée se pressent étroitement contre celles de la roue menante, et le fluide moteur exerce, sur cette dernière, une pression proportionnelle à la section de l'une des dents faite par un plan méridien, depuis la pointe jusqu'à la racine. Le moment de cette pression a pour bras de levier, le rayon moyen, entre le rayon du cylindre et celui de la racine des dents. Dans la machine exposée, le rayon du cylindre mesure $0^m,256$, et celui de l'origine des dents $0^m,164$; celles-ci ont donc $0^m,092$ de hauteur, sur $0^m,914$ de largeur, soit $0^m,0841$ de section. Sous une pression effective de 40 livres par pouce carré ($2^k,81$ par centimètre carré) la machine exécute 200 révolutions par minute, c'est-à-dire que la vitesse de l'extrémité du rayon moyen de la dent est de 264 mètres par minute. La pression sur une dent étant de $2,363^k$, le travail de la vapeur en kilogrammètres et par minute est de 623,832 kilogrammètres, ce qui équivaut environ à 138 chevaux 1/2 de 75 kilogrammètres par seconde. Le volume de vapeur consommé par minute, indépendamment des espaces morts, est de 22 mètres cubes 200, soit de 111 litres partout. L'espace mort est d'environ 6 1/2 pour cent du volume utilisé, ce qui donne partout une dépense réelle de 118 litres de vapeur.

Les conduits de vapeur contournent la boîte qui contient la roue menée, aboutissent d'une part au-dessus et au-dessous du point de contact des circonférences primitives des dents, et d'autre part, vers l'extérieur se réunissent à un robinet à quatre voies. La vapeur arrivant de la chaudière par un des conduits, contourne le cylindre par-dessous, fait tourner les roues, puis s'échappe par le conduit du dessus du cylindre et par le robinet correspondant. Si l'on veut renverser le sens de la marche, il suffit de faire faire au robinet un tiers de révolution : la vapeur arrivera alors par le dessus du cylindre et s'échappera par le dessous. En faisant tourner le robinet d'un sixième de tour, on arrête la machine. La facilité de renverser la marche est une des qualités les plus précieuses de cette machine. Il est facile de voir qu'il n'y a pas de point mort, et, par conséquent, qu'il ne faut pas de volant. Aussi, la poulie montée sur l'arbre suffit-elle pour maintenir la marche parfaitement régulière.

Malgré l'emploi des roues dentées, le mouvement de cette machine est très doux. Cela provient de ce que les inventeurs ont rendu les dents élastiques, en quelque sorte, en les fendant du haut en bas sur leur longueur et en interposant dans le creux, du caoutchouc ou une autre substance élastique.

Il ne nous a pas été possible de connaître le prix de ce moteur pour diverses forces.

Trois autres machines rotatives méritaient l'attention, ce sont : celle de M. Behrens, exposée par la maison H.-C. Dart et Cie de New-York ; la machine différentielle de Thompson, et celle de M. Edouard Scheutz de Stockholm. La première peut être employée comme moteur ou comme pompe rotative, avantage qui lui est commun avec celle dont nous venons de donner la description et qui lui est supérieure sous bien des rapports.

Les deux machines de M. Lenoir et de M. Hugon, qui se disputaient en France la palme pour les moteurs à gaz, se sont vues disputer à l'Exposition leur prépondérance, en tant qu'inventions destinées au petit fabricant, par les machines à *air chaud*, dont nous parlerons bientôt.

Les efforts des deux inventeurs que nous venons de citer ont abouti à assigner à ces machines une place dans l'industrie, et à en faire, momentanément du moins, le moteur des petits ateliers qui n'emploient pas beaucoup de force, et où le travail est intermittent. Sans doute, la machine à gaz présente ce grand avantage, de pouvoir être utilisée là où la machine à vapeur semble ne plus être applicable ; mais avant d'être acceptée sans conteste, il lui reste encore bien des perfectionnements à réaliser. Plus compliquée que la machine à vapeur, si l'on ne considère pas la chaudière, et avec une consommation exagérée, elle est loin encore d'être accessible à la bourse de l'ouvrier isolé. Les inventeurs, poursuivant leur principe, doivent s'attacher à diriger tous leurs efforts vers les moyens propres à amener de notables simplifications, et à réduire la consommation du gaz. C'est là une affaire de recherches et d'essais plus que de science. M. Otto, de Cologne, est celui qui a le mieux réussi dans cette voie, puisque, sans que le prix de sa machine soit plus élevé que celui des machines Lenoir ou Hugon, elle ne dépenserait, d'après ses assertions, qu'un mètre cube de gaz par force de cheval et par heure, tandis que dans les deux machines précitées, la consommation n'est jamais descendue même à deux mètres cubes. Ce sont donc, on le voit, des moteurs très dispendieux.

Les trois machines Lenoir, Hugon et Otto étaient les seules qui eussent été envoyées à l'Exposition.

La machine Lenoir emploie l'étincelle électrique pour déterminer l'inflammation des gaz détonnants introduits dans le cylindre. Dans celle de M. Hugon, le mélange est enflammé au moyen de brûleurs à gaz spéciaux, et une petite quantité de vapeur d'eau, qui est introduite dans le cylindre, détruit les effets nuisibles de l'explosion. Dans celle de M. Otto, le mélange gazeux est enflammé de la même façon; mais elle présente cette particularité caractéristique, d'utiliser, comme force motrice, le poids de l'atmosphère. On n'admet, en effet, dans le cylindre que juste ce qu'il faut de gaz pour relever brusquement le piston sans aucune autre résistance, et laisser par là, en dessous de celui-ci, un espace en quelque sorte vide, où la pression atmosphérique n'est plus équilibrée. Celle-ci détermine donc la chute du piston, qui ne peut descendre sans embrayer l'organe mécanique qui doit transmettre la puissance. C'est, en définitive, une machine atmosphérique à gaz.

Les machines de M. Lenoir coûtent :	Province	Paris.
1/2 Cheval sans régulateur.	1,100	800
1 Cheval — —	1,600	1,300
2 Chevaux avec régulateur.	2,500	2,000
3 — — —	3,000	2,500

La dépense de gaz par heure et par force de cheval est de deux mètres cubes. Elle exige environ un mètre cube d'eau par cheval pour le refroidissement du cylindre, et l'on peut compter qu'il s'en vaporise 50 litres par jour. L'entretien de la pile coûte 15 centimes par jour en moyenne. Elle exige un compteur à gaz qui est toujours coûteux. Une fois par semaine, il faut gratter les inflammateurs, à peine de voir la machine s'arrêter, et deux fois par semaine il faut renouveler les piles électriques. Le graissage de la machine doit être abondant et parfaitement ménagé, et il est, par conséquent, fort coûteux. Le graissage du cylindre doit se faire exclusivement avec de la panne brute.

Les machines de M. Hugon coûtent livrées, à Paris :

1/2 Cheval.	1,400 fr.
1 Cheval.	1,800
2 Chevaux.	2,400
3 Chevaux.	3,000

La dépense de gaz, y compris celle des inflammateurs, est de 2,400 à 2,600 litres par cheval et par heure. Elle exige le même réservoir d'eau que la machine précédente ; le même compteur à gaz ; mais elle n'exige pas de pile, et le graissage est plus facile et moins coûteux.

Les machines de M. Otto coûtent à Cologne :

1/2 Cheval sans régulateur	1,300 fr.
1 Cheval avec régulateur	1,670
2 Chevaux — —	2,150

Leur dépense par cheval et par heure est d'un peu moins d'un mètre cube (30 pieds cubes allemands), y compris les inflammateurs ; du moins d'après ce que M. Otto prétend et s'engage à démontrer par des expériences au frein de Prony et au gazomètre. Cette machine a l'inconvénient de faire beaucoup de bruit en marchant et de produire de violentes trépidations.

Dans un des compartiments de la grande nef du Palais du Champ-de-Mars une dame faisait, avec une lucidité parfaite et une complaisance que rien ne lassait, la description d'une petite machine à air chaud, fonctionnant dans cette partie de l'Exposition ; c'était Madame Laubereau, la femme de l'inventeur de l'appareil qui porte son nom.

Dans cet appareil, l'air employé pour donner le mouvement est toujours le même. Echauffé, la tension de cet air augmente ; il tend alors à prendre plus de place, ce à quoi il parvient en soulevant le piston d'un cylindre. Il se refroidit, par suite il revient à son état primitif, et le piston redescend. Il serait impossible, sans le secours de figures, de faire comprendre la disposition qui fait que l'air passe rapidement du chaud au froid, mais ce que nous pouvons affirmer, c'est que la machine dont il s'agit fonctionne très bien et avec une grande régularité.

En général, les machines à air, n'agissant qu'à une faible tension, économisent beaucoup de combustible, à peu près la quantité nécessaire à l'eau pour passer de l'état liquide à l'état gazeux. La machine Laubereau participe de cet avantage, car elle n'a pas la prétention d'agir à une forte pression. Mais elle a, en plus des autres machines à air chaud, la grande simplicité, pas de frottements, pas de soupapes. Toutes les pièces sont telles que les variations de température et la forte chaleur ne peuvent porter atteinte au bon fonctionnement de l'appareil. Au reste, M. Laubereau se charge de faire construire des machines de la force qu'on lui demande.

Le tableau suivant indique la force des machines qu'il fournit ordinairement, les dépenses par journée de dix heures de travail et le prix de vente.

Force en kilogrammètres.	Chauffé au coke.	Chauffé au gaz.	Prix des machines.
1		0f40	150 fr.
3		0,75	300
5	0,50	0,90	375
10	0,75	1.50	425
15	0,90	2.	525
25	1.10		850
50	1.50		1,100
. . . .	2.		1,500
150	2.50		2,500

Un américain, M. Shaw, ingénieur constructeur à Boston (Massachussets), Etats-Unis, avait aussi exposé un moteur à air chaud, que nous avons vu fonctionner journellement dans le parc du Champ-de-Mars.

Pour ce genre de moteurs, deux systèmes sont en présence : Le premier, qui consiste à employer l'air porté à une haute température dans des générateurs chauffés comme on chauffe une chaudière de machine à vapeur; le second, qui consiste à employer l'air qui traverse le foyer, lequel, par conséquent, a servi à la combustion. M. Shaw a employé le second système en portant tous ses efforts à rendre la combustion complète et à n'avoir que des produits gazeux résultant de la combustion. Cette machine, qu'il n'est pas non plus possible d'expliquer sans figures, n'a pas encore été construite en France. L'inventeur, qui a pris un brevet, désire le vendre, ou donner le droit de construire ce moteur moyennant une redevance par machine. Pour cette raison, il ne peut, nous a-t-il dit, indiquer de prix. En Amérique, le prix de vente est de 6,000 fr. pour une machine de 10 chevaux.

D'après le constructeur, la machine, que nous avons vu fonctionner sous un hangar spécial, près le palais du Bey de Tunis, serait de la force de 20 chevaux et consommerait au plus 1 kilog. de charbon par heure et par force de cheval. Elle fonctionnait à vide, ce qui nous a surpris et inspiré quelques doutes, car il ne manquait pas à l'exposition d'appareils de tout genre, dont la mise en jeu eût pu donner une idée approximative de la marche de ce moteur en pratique, et la mesure approchée de sa force. Quoi qu'il en soit des résultats annoncés par le constructeur, nous devons dire que la machine dont il s'agit avait un besoin fréquent de graissage, et que son mouvement semblait s'accélérer notablement lorsque cette opération avait lieu.

Il résulte du rapprochement fait par M. Lefebvre du prix de revient du kilogrammètre pour chacune des machines Lenoir, Hugon, Otto, comparativement à celui de la machine Laubereau, des machines à vapeur, et des machines à colonne d'eau, que le prix du kilogrammètre de la machine Lenoir se répartit comme suit :

Dépense de gaz.	0f01080
Intérêt du capital à 6 p. 100.	0,00075
Dépréciation, réparations, 10 p. 100. .	0,00125
Pile	0,00040
Total. . . .	0f01320

Soit environ le tiers du prix du kilogrammètre du bras de l'homme (1).

Le prix du kilogrammètre dans la machine Hugon se répartit comme suit :

Dépense de gaz.	0f00960
Intérêt du capital à 6 p. 100	0,00091
Dépréciation, réparation, 9 p. 100 . . .	0,00136
Total. . . .	0f01187

Les réparations sont moins coûteuses dans cette machine que dans la précédente, et le graissage plus économique. Telle est la raison qui a fait adopter le chiffre de 9 p. 100 au lieu de 10 p. 100. Enfin le prix du kilogrammètre dans la machine Otto peut s'établir comme suit :

Dépense de gaz.	0f00540
Intérêt du capital à 6 p. 100	0,00091
Dépréciation, réparation, 12 p. 100 . .	0,00180
Total. . . .	0f00811

La violence des vibrations, dans cette machine, autorise à porter les dépréciations et réparations à 12 p. 100.

Les prix du kilogrammètre du bras de l'homme de la machine Lenoir, de la machine Hugon et de la machine Otto sont donc entre eux à peu près comme

5,25 : 1,65 : 1,50 : 1.

(1) On suppose qu'un tourneur de roue travaille à raison de 35 c. l'heure, et fait 10 kilogrammètres par seconde, ce qui porte à 0 fr. 035 par heure le prix du kilogrammètre par bras d'homme.

Pour établir maintenant la comparaison de ces prix avec ceux des machines à vapeur, à air ou à colonne d'eau, il faut supposer qu'il s'agit d'une machine rotative à vapeur, soit du système Pilliner, ou du système Behrens. Dans ces deux machines, les organes sont si bien réduits à leur plus simple expression qu'elles ne peuvent pas coûter beaucoup plus cher que les machines Lenoir avec toutes leurs complications d'organes délicats. Quant à la consommation de charbon qui, pour les grosses machines à vapeur, est maintenant de 2 kilog. par cheval et par heure, allumage compris, on peut l'établir à 3 kilog. pour les petites machines qui brûlent plus que les autres. On a donc pour le prix du kilogrammètre :

Dépense en combustible	0f00048
Intérêt du capital 6 p. 100.	0,00075
Dépréciation, réparations 10 p. 100 . . .	0,00125
Perte de temps pour l'entretien	0,00100
Total.	0f00348

c'est-à-dire, environ le quart de la dépense de la machine Lenoir et moins de la moitié de celle de la machine Hugon. Disons, toutefois, que cet avantage de la machine à vapeur est en bonne partie compensé par de graves inconvénients bien connus.

Quant à la machine Laubereau, le prix du kilogrammètre peut s'établir comme suit :

Dépense en combustible	0f00267
Intérêt du capital à 6 p. 100.	0,00058
Dépréciation, réparations 8 p. 100	0,00078
Total.	0f00403

On peut compter que l'entretien de cette machine ne coûte rien, et que le prix du kilogrammètre, chez elle, est plus élevé que celui de la machine à vapeur, et possède, au contraire, presque tous les mêmes avantages que la machine à gaz. C'est donc pour la machine à air Laubereau qu'il faudrait se décider s'il y avait un choix à faire.

Les machines à colonne d'eau, de M. Coque, faisant une force de 2 kilogrammètres par seconde au frein, dépensent par minute 15, 20 litres d'eau avec une hauteur de chute de 12ᵐ33. On voit par là que, même dans les étages élevés, cette machine pourrait rendre des services à la petite industrie, en chambre. Ces machines coûtent, prises à Paris, 800 francs environ, pour 18 kilogrammètres de force par seconde. On a donc pour le prix du kilogrammètre :

Dépense d'eau	0f00001
Intérêts du capital à 6 p. 100	0,00040
Dépréciation, réparation 9 p. 100.	0,00060
Total.	0f00101

A côté de ce bon marché extrême et des avantages que présentent les machines à colonne d'eau pour la distribution des forces à domicile, il y a des désagréments de plus d'un genre, notamment des coups de bélier qui, lorsqu'ils sont fréquents, peuvent incommoder les voisins et les difficultés du placement.

Les petites turbinelles, à axe horizontal, nous semblent mieux convenir pour utiliser les eaux des villes. Elles sont suffisamment délicates pour être mises en mouvement par le plus petit filet liquide. Ces turbines sont faites en cuivre, d'un travail très fini, et comme l'eau y arrive et sort par des tuyaux, elles peuvent être placées dans une partie quelconque d'un bâtiment ou même d'un appartement. Les turbinelles, jusqu'à la force de deux hommes, n'occupent qu'une place carrée de 0ᵐ075. Pour des mouvements circulaires, comme ceux des ventilateurs, les roues de ces turbines et du ventilateur sont calées sur le même arbre.

Aujourd'hui les plus grands efforts sont faits par les compagnies et l'industrie privée, pour éviter les cruels accidents causés par les explosions des chaudières à vapeur malheureusement trop fréquents. Cette question, dont l'importance a frappé de tout temps et en a pris une bien plus grande encore depuis que le gouvernement a affranchi l'industrie des appareils à vapeur des formalités préventives auxquelles elles avaient été assujetties jusqu'au mois d'octobre 1865, a laissé à la responsabilité seule des industriels l'application des mesures de sûreté réglementaires édictées par la loi. Or, d'après la loi du 21 juillet 1856 relative aux appareils à vapeur, les pénalités, en ce qui concerne les accidents qui engagent la responsabilité des industriels, sont de 6 mois à 5 ans de prison et 300 à 3,000 francs d'amende, s'ils ont occasionné la mort d'une ou plusieurs personnes, et cela sans préjudice des actions civiles. Chacun, d'après cela, a le plus grand intérêt à ne faire usage que de générateurs à vapeur, présentant le moins de chance d'explosion ou assurant une complète sécurité.

Le progrès, qui était à réaliser sous ce rapport, consistait donc dans *l'inexplosibilité*, *l'économie de combustible*, *de place*, *de poids*, *la production rapide et abondante de la vapeur sèche*.

Il y avait à l'Exposition plusieurs appareils à vapeur construits de manière à réaliser ces conditions ; mais parmi eux, ceux qui se recommandent le plus sérieusement à l'attention, sont *le générateur inexplosible* et à circulation multiple de M. J. Belleville, constructeur à St-Denis, près Paris ; *le générateur inexplosible* et surchauffeur du système Howard, et le *générateur tubulaire* système Field, par M. Chapman, à Paris, générateur appliqué à la pompe à incendie à vapeur de MM. Merryweather frères, de Londres, dont nous parlerons bientôt.

Dans le premier appareil, le constructeur a remplacé la masse d'eau en ébullition du générateur ordinaire, par de petites quantités introduites, pour ainsi dire au fur et à mesure des pulsations de la machine mise en mouvement par la vapeur, à réduire le grand diamètre des chaudières habituellement employées jusqu'ici, et n'offrant par conséquent à l'expansion de la force produite qu'une résistance relativement faible, et, pour cela, à créer des séries de tubes présentant, par leur petit diamètre, la même différence de résistance entr'eux et les chaudières ordinaires que celle qui existe entre un cerceau et un anneau de même épaisseur.

Il est facile de comprendre les avantages d'un système établi d'après ces données, au point de vue spécial de l'*inexplosibilité*. Si un tube, en admettant l'incurie du chauffeur chargé de le nettoyer, vient à être obstrué par les dépôts calcaires, il est probable qu'il pourra supporter les pressions instantanées qui se produiront sur une faible quantité d'eau, mais vint-il à céder, il n'occasionnera certainement pas les malheurs que l'explosion d'une chaudière ordinaire contenant souvent plusieurs milliers de litres d'eau, entraîne infailliblement avec elle.

Tous les appareils consistent en des séries de tubes générateurs, sortes de vases communicants, composés d'un nombre plus ou moins grand de ces tubes superposés horizontalement, en quinconce, disposés au-dessus du foyer, et reliés successivement les uns aux autres par des coudes ou raccords de communication. Les extrémités inférieures ou supérieures de chaque groupe communiquent avec deux tubes disposés transversalement et désignés sous le nom de collecteurs inférieurs, de telle sorte que chaque série puise son alimentation dans le collecteur inférieur, et déverse le produit de sa vaporisation dans le collecteur supérieur où se trouve un tube diviseur de prise de vapeur. Chaque tube est muni d'un bouchon de nettoyage, dont le démontage s'exécute toujours très facilement et très proprement.

Les tubes du rang inférieur, c'est-à-dire, ceux qui sont le plus rapprochés du feu, sont traversés par le courant d'eau à la température la moins élevée; ils sont ainsi à l'abri de l'usure et des coups de feu. C'est dans le deuxième et troisième rang de tubes que l'ébullition est la plus active et que les bulles de vapeur, à mesure qu'elles se dégagent, entraînent avec elles une quantité relativement grande d'eau à l'état vésiculaire; ces gouttelettes, auxquelles la vapeur sert de véhicule, se vaporisent en circulant rapidement, au contact des tubes des étages supérieurs; puis la vapeur ainsi formée se dessèche dans les tubes des deux ou trois derniers rangs avant d'arriver au cylindre épurateur où elle abandonne les impuretés qu'accidentellement elle pourrait entraîner avec elle. La vapeur s'échappe du collecteur supérieur, en passant à travers les petits orifices du tube diviseur de prise de vapeur, qui occupe toute la longueur du collecteur supérieur. Ce tube, dont les orifices sont calculés et répartis d'après la force et les dimensions des appareils, équilibre et régularise le travail des diverses séries, en s'opposant aux ébullitions saccadées ou soulèvements d'eau qui, en son absence, se produiraient dans les séries de tubes les plus rapprochés du tuyau de prise de vapeur, par suite de l'action dépressive ou de succion que la proximité de ce tuyau exercerait sur son orifice supérieur.

Telle est la description très sommaire du générateur aujourd'hui adopté par l'État et l'industrie privée.

Le *générateur inexplosible* et *surchauffeur* de M. Howard est établi de manière à produire une circulation d'eau rapide, circulation qui, dans certaines chaudières tubulaires, exige pour être obtenue, une force mécanique, et dont l'absence dans d'autres détermine la formation rapide de dépôts sédimentaires si désastreux pour les tubes.

Ce générateur est composé de tubes en fer forgé qui présentent chacun par l'effet de la pression intérieure, une résistance à la rupture de 140 kilogr. par centimètre carré ou 13,5 atmosphères, et qui sont éprouvés dans leur ensemble et leurs fonctions, avant la livraison, à une pression de 35 kilogr. par centimètre carré ou 33 atmosphères. Dans le cas improbable de l'explosion d'un tube isolé, aucun accident grave ne saurait en résulter ; l'extrême conséqnence en serait tout au plus égale et comparable à l'effet de l'ouverture d'une soupape, accompagnée d'une irruption de vapeur et d'eau dans le carneau et suivi d'un abaissement subit de la pression et peut-être de l'extinction du feu.

Le courant des gaz chauds frappe les tubes à angle droit, au lieu de les lécher comme dans les autres chaudières; aussi la dépense de combustible pour monter en vapeur est beaucoup moindre que celle du générateur ordinaire : ainsi, d'après des expérienees suivies, on monte en vapeur à 5 atmosphères en 20 minutes pour une chaudière de 40 chevaux avec 102 kilog. de charbon, la consommation réelle n'étant que de 38 kilog.

Par suite de la disposition des tubes, relativement à la flamme du foyer, la chaleur est rapidement absorbée et la vaporisation obtenue au plus haut degré, de telle sorte que le pyromètre de Gauntlett, introduit dans le conduit de fumée aboutissant à la cheminée, indique une température inférieure de 200 degrés

Fahren. (90 degrés centigrades) à celle observée dans un conduit semblable de générateur de même force.

Les parties supérieures des tubes constituant la chambre ou le réservoir de vapeur, étant exposées à la chaleur rayonnante du foyer, et le courant des gaz chauds étant concentré au moyen d'écrans, la vapeur peut être portée à une température illimitée. Enfin, l'entraînement vésiculaire, si pernicieux dans tous les systèmes de chaudières, est entièrement évité, la vapeur étant aussitôt entraînée qu'elle est formée dans les tubes, indépendamment l'un de l'autre.

La circulation est réglée de manière à rendre les coups de feu et les incrustations impossibles. Chaque tube en renferme un autre s'élevant jusqu'à la surface de l'eau, qui est ainsi divisée en colonnes centrales et annulaires. Le courant des gaz chauds imprégnant les tubes, fait monter l'eau dans les espaces annulaires externes et la fait redescendre dans les tubes centraux internes, d'où résulte conséquemment une circulation des plus actives dans toutes les parties du générateur.

Trois hommes suffisent pour porter et mettre en place ce générateur, dans quelque lieu que ce soit, sans treuil ni palan, et ses plus grosses pièces peuvent passer par une porte de dimension ordinaire. Toutes les parties de l'appareil sont accessibles, et les tubes étant divisés en compartiments de trois rangées, offrent des espaces intermédiaires, clos à leurs sommets par une trappe mobile qui permet à un homme de descendre pour nettoyer les tubes et les carneaux.

Le générateur Field, inventé depuis cinq ou six ans à peine, se compose d'une chaudière verticale de forme cylindrique, à l'intérieur de laquelle se trouve, comme cela se fait habituellement, un foyer entouré d'eau. Le ciel du foyer est percé de trous assez rapprochés et légèrement coniques, où l'on introduit un même nombre de tubes de fer ou de cuivre, d'une longueur telle qu'ils restent suspendus à une certaine hauteur de la grille dans le foyer, ces tubes étant bouchés par le bas. Avec un mandrin d'acier également conique, sur lequel on frappe à coups de marteau, on élargit ensuite l'entrée de chaque tube, déjà rendue un peu conique à l'avance, et on les force à s'incruster, s'emboîter et se river dans la tôle du foyer.

Dans ces premiers tubes, on en descend d'autres ouverts aux deux extrémités et de diamètre moitié plus faible (leur épaisseur est insignifiante), s'arrêtant à quelques centimètres du fond des premiers; leur extrémité supérieure est évasée en entonnoir, et ils sont suspendus librement dans les premiers, chacun par deux petites ailettes qui agissent comme les couteaux d'une balance et les arrêtent au niveau voulu, pour que les petits entonnoirs soient de quelques centimètres au-dessus des orifices de ces premiers tubes. Cette disposition maintient entre les deux tubes un espace annulaire, où l'eau peut passer librement en dépassant le plus petit d'une certaine hauteur, suivant la capacité de l'appareil.

Dès que le feu est allumé, il détermine dans tous ces tubes une circulation assez active pour empêcher complètement la formation de dépôts calcaires et produire une économie notable de combustible. Le mouvement du liquide est d'ailleurs produit par des circonstances physiques très simples. Aussitôt que la chaleur vient frapper les parois du tube extérieur, l'eau contenue dans l'espace annulaire s'échauffe, se dilate et devient plus légère qu'auparavant, tandis que la colonne d'eau contenue dans le tube intérieur conserve sa température, sa densité et partant son poids. L'équilibre hydrostatique est donc rompu, la colonne intérieure chasse la colonne extérieure, prend sa place, subit bientôt la même action qu'elle, et cède à son tour à la pression d'une nouvelle colonne intérieure qui la rejette dans la chaudière, où elle viendra bientôt la suivre sous l'influence de la même cause (différence de densité entre deux colonnes liquides de même longueur et de même nature, mais de température différente). Ce mouvement s'accélère constamment, et bientôt toute l'eau de la chaudière ayant atteint la température de l'ébullition, la vapeur commence à se produire. Mais à ce moment la vitesse du courant s'augmente soudain. En effet, au lieu d'être mise en mouvement par la différence de pression entre deux colonnes liquides communiquant entre elles et ne différant que par quelques degrés de température, l'eau se meut sous l'influence d'une différence de pression, infiniment plus grande, puisque les deux colonnes n'ont pas la même nature. La colonne intérieure ne contient toujours que de l'eau chaude, tandis que la colonne extérieure contient à la fois de l'eau et des bulles de vapeur en si grand nombre que leur volume est plus de deux fois celui de l'eau. Dans ces conditions, la vitesse de l'eau dans des tubes de 1 mètre 20 de longueur (dimension la plus en usage) est d'environ 4 mètres par seconde, et assez forte pour amener à la surface du liquide de la grenaille de plomb mise préalablement au fond de quelques tubes. Toute l'eau d'une chaudière traverse donc ainsi les tubes en quelques secondes. Cette rapide circulation a permis de constater que dans une chaudière qui fonctionnait depuis deux ans et demi, jour et nuit, ce qui correspond à un service réel de cinq ans, il n'y avait pas encore de dépôts, et que pas un des tubes n'avait besoin de réparation.

Ces avantages qui ne sauraient nullement être révoqués en doute, tracent à nos constructeurs la voie dans laquelle ils doivent marcher. Plus les machines à vapeur se répandent, plus aussi il est nécessaire de prendre des précautions pour prévenir ces redoutables explosions, qui viennent porter le deuil dans les familles et alarmer si profondément chaque fois l'opinion publique. Puisque, par suite des modifications qui ont été apportées à l'ordonnance du 22 mai 1843, les constructeurs ne sont plus astreints à l'application de la formule qui réglait l'épaisseur de la tôle des chaudières, qu'au moins ils remplacent par d'autres garanties ce que cette loi avait de tutélaire. L'étude attentive que nous avons faite de l'Exposition à ce point de vue, nous a laissé la conviction qu'aujourd'hui les véritables conditions de sécurité et d'économie se trouvaient dans les chaudières verticales à tubes multipliés du genre de celles que nous venons de décrire à grands traits, mais d'une manière suffisante pourtant pour en faire connaître les avantages.

Les appareils de la mécanique générale se présentaient à l'Exposition universelle, non plus isolés et accomplissant une seule opération industrielle, mais réunis, groupés, assortis et concourant simultanément à une fabrication donnée avec tous les détails qu'elle comporte. En un mot, les machines généralement formaient des séries d'ateliers, de fabriques, complets. Les moteurs à vapeur qui allaient au moyen de tuyaux souterrains, puiser sans cesse l'élément de leur force, dans d'immenses générateurs établis dans le parc, mettaient en mouvement de véritables filatures de lin et de chanvre, de coton, de laine, de soie, des ateliers de tissage, de passementerie, des fabriques de chapeaux de feutre, de chaussure, un nombre immense de machines-outils propres au travail du fer, du bois, de la pierre, de l'ivoire, des diamants, du verre, du cristal, etc., etc. L'industrie universelle était là vivante, prenant la matière première brute, l'élaborant et la rendant propre à la vente, sous l'œil du visiteur qu'elle initiait à ses secrets, à ses procédés, à ses ressources infinies.

Les temps ne sont plus, où tel inventeur, tel peuple, cachaient leurs moyens de production ; aujourd'hui on les étale, au contraire, au grand jour. On signale leur mérite particulier, on les offre, et tous les efforts dans ces grands bazars des produits de l'intelligence humaine, tendent à en vulgariser l'application et à en propager l'emploi Ici, où resplendit la richesse, où trône le succès, le capital domine. Agent exclusif ou à peu près, de toutes les entreprises, de toutes les créations productives, il s'affirme partout, partout il règne en maître, et proclame que sans son tout-puissant concours, rien ne naît ou tout périt des choses de l'industrie. Nulle part plus qu'à l'Exposition universelle de 1867, n'a été mieux entrevue, cette frappante et inexorable vérité, que le capital seul aujourd'hui peut accomplir des œuvres grandes et durables. Qu'ils n'aillent donc pas là, ceux qui comprennent et dont la généreuse ardeur s'excite à la vue de tant de germes de prospérité et de richesse, dont ils sauraient amener la fructueuse éclosion ; qu'ils n'aillent pas là, ceux qui ont su découvrir chez eux une terre féconde, et qui, au retour, ne trouvent que des cœurs froids, des capitaux inintelligents, défiants ou cupides: leur cœur serait rempli de tristesse et de regrets pour l'avenir de leur pays.

En examinant ces ingénieuses, ces admirables machines, ces appareils si parfaits à filer, à tisser le coton et la laine, qui sont la plupart pour nous de vieux amis, nous songions que Toulouse consomme pour des millions de ces produits qu'elle pourrait fabriquer, et vraiment nous nous sentions quelque peu humilié pour cette grande cité, de la voir encore si attardée dans ce mouvement général, qui se traduit partout aujourd'hui par cette formule : « travailler pour soi d'abord et pour les antres ensuite ; » et nous nous demandions si ce rôle de tributaire pouvait bien nous convenir, quand nous avions le pouvoir, si nous le voulions, d'imposer le tribut. Espérons qu'il n'en sera pas toujours ainsi, et que les générations qui vont nous succéder, verront enfin Toulouse prendre dans l'industrie la place qui lui convient, et que lui assurent grande et large, ses immenses ressources et sa position exceptionnelle.

Il serait oiseux de parler ici de toutes les machines que nous avons examinées ; ce serait une nomenclature ou une encyclopédie, tant le nombre en est grand, et toutes touchant d'ailleurs ou servant aux nombreuses spécialités qui constituent l'industrie moderne. Bornons-nous à dire, qu'il en est peu qui ne puissent être employées chez nous avec succès. Nous devons signaler cependant l'application de la machine à coudre à la couture des semelles dans la confection des chaussures cousues ; et cet ensemble merveilleux de machines propres à fabriquer les chaussures vissées, organisées à l'Exposition, de manière à fonctionner automatiquement ; ce qui a permis d'employer les femmes à cette fabrication prodigieuse par la rapidité avec laquelle elle s'exécute. Nous signalerons également les machines à coudre de Wheeles et Wilson, permettant de faire avec la dernière perfection les boutonnières, et ne coûtant, les plus complètes, pour tailleurs, que 500 fr.

La tricoteuse Isaac Lamb, de Northville (Michigan) Etats-Unis d'Amérique, mérite également de fixer notre attention ; cette petite machine entièrement nouvelle, et déjà très répandue dans les Etats-Unis d'Amérique, comme machine de famille, offre les avantages suivants :

1° Elle fait le bas sans couture, de forme et de grandeur quelconque, avec augmentation et diminution, comme dans le bas produit à la main ;

2° Elle permet d'obtenir une grande variété de tricots unis et façonnés, sans montage ni démontage d'aucune pièce.

Cette jolie et ingénieuse machine, vrai meuble de salon, permettra à l'ouvrière en chambre de lutter avec la grande manufacture, qui lui enlève tous les jours quelque nouvelle portion des travaux du vêtement ; à la ménagère, à l'habitant des campagnes d'employer utilement leurs moments de loisir, ou le temps de chômage dans la morte saison. Le travail s'y fait sans fatigue et comme en se jouant. Ce petit appareil est un des plus ingénieux que nous ayons vu à l'Exposition.

Une machine non moins ingénieuse, mais exigeant une force motrice, peu considérable sans doute, mais indispensable, c'est la machine à corsets. Cette machine tisse quatre paires de corsets à la fois et peut en produire quarante paires par jour. La cambrure de cet accessoire du vêtement des femmes, les goussets, sont exécutés automatiquement par la machine avec une remarquable perfection. Disons que c'est l'application de l'appareil Jacquard, qui seul dans ce cas comme dans une foule d'autres a pu permettre la réalisation de ce véritable tour de force en matière de tissage.

La machine à défibrer le bois pour le réduire en pâte, propre à la fabrication du papier, est encore une machine à citer, parce qu'elle peut parfaitement être utilisée dans notre pays. Elle se compose d'une grande meule verticale en grés, constamment arrosée d'eau, tournant avec rapidité, et contre laquelle sont fortement pressés des morceaux de bois de tilleul ou de peuplier, dont les fibres sont présentées parallèlement à l'axe de la meule; ces dernières, après avoir été arrachées par la meule, sont broyées finement, et tamisées au fur et à mesure de l'opération, de telle sorte que la pâte de bois est propre à l'emploi lorsqu'elle sort de la machine. Cette machine était mise en mouvement à l'Exposition par une force de 50 chevaux.

Les papiers d'impression, d'écriture, de pliage, de tenture, d'affiche, de soie, d'emballage, papiers ordinaires colorés pour dessins et cartons, renfermant 25 à 60 p. 100 de pâte de bois, sont les produits les plus courants de plusieurs importantes papeteries de l'Allemagne, et donnent ainsi la preuve évidente de l'emploi toujours croissant dans la fabrication du papier de la pâte de bois que M. Henri Woelter, de Canstat (Wurtemberg), a, l'un des premiers, préparée et employée pour cette fabrication ; cela est tellement vrai, qu'aujourd'hui il n'y a presqu'aucun journal, en Allemagne, dont le papier ne contienne une proportion plus ou moins considérable de bois. De plus, les fabriques allemandes produisent des quantités importantes de papiers d'impression et de tenture pour l'exportation, et si ces fabriques, le plus souvent très éloignées des lieux d'embarquement, peuvent soutenir avec succès la concurrence étrangère, c'est dû à la pâte de bois qui leur permet de vendre ces papiers ordinaires très avantageusement.

Les papiers ordinaires d'écriture, nuancés azur, jaune et rouge, renfermant 30 à 50 p. 100 de pâte de bois, ne laissent en effet rien à désirer.

Les papiers à lettre ordinaires et demi fins supportent jusqu'à 50 p. 100 de pâte de bois. Outre son emploi en papeterie, la pâte de bois a la propriété de se laisser mouler, et l'on en fabrique divers ouvrages en stuc. Enfin on peut dire en faveur des avantages qu'offre la fabrication du papier en pâte de bois, que sa production ne coûte nulle part plus de la moitié du prix de la pâte de chiffons correspondante.

Nous ne parlerons pas des machines à faire les briques, qui existaient en grand nombre à l'Exposition ; à moins qu'il ne s'agisse de briques creuses, la brique pleine se fera toujours à la main à bien meilleur marché qu'au moyen de ces appareils coûteux que nous avons vus et qui exigent pour être unis un mouvement, une force considérable et très dispendieuse.

Les pompes offraient des spécimens très variés et nombreux. Les pompes centrifuges surtout y occupaient pour ainsi dire tous les points sur lesquels un appareil hydraulique d'exhaustion était nécessaire.

Ce système de pompe est très bon, mais il exige une force assez considérable pour être mis en jeu, et réclame des soins minutieux pour son entretien et sa mise en état de fonctionnement. L'introduction de l'air par un joint, ou une garniture mal faite, neutralisent son action, et pour n'avoir pas d'interruption dans un épuisement pendant les réparations, il est nécessaire d'avoir deux appareils ; c'est ce que nous ont permis de constater les épuisements des galeries de filtration et d'alimentation de la distribution d'eau de la ville de Toulouse, au moyen de ces pompes.

Les pompes à incendie à vapeur offraient, à l'Exposition, un intérêt de premier ordre. Celle de MM. Merryweather, and Sons à Londres, était surtout remarquable par ses bonnes dispositions.

Dans cette pompe à double cylindre, les pompes à eau, les cylindres à vapeur, la chaudière et la carrosserie sont agencés avec un solide châssis en acier, au-dessus duquel se trouvent disposés des siéges pour six hommes. Les corps de pompe sont placés au-dessus de l'avant-train, et les cylindres à vapeur, qui ont leurs axes dans le prolongement des leurs, sont acculés contre la chaudière située à l'arrière. Ainsi, les pistons à eau et les pistons à vapeur ont chacun une tige commune qui opère les distributions de vapeur au moyen de leviers commandant chaque tige des tiroirs placés au-dessus des cylindres. La chaudière est du système Field. Elle peut être alimentée de quatre manières différentes : 1° par un injecteur Giffard; 2° par une pompe dite seringue; 3° par une petite pompe à main; 4° enfin par les corps de pompes eux-mêmes.

On remarque dans ces pompes les avantages suivants :

1° Les chaudières sont des plus durables, et renferment de grands espaces pour l'eau et pour la vapeur. La combinaison intérieure des tubes est telle qu'aucune expansion ou contraction pas plus qu'une course rapide sur des routes inégales, ne peut les déranger ni causer des fuites d'eau. La rapidité avec laquelle la vapeur est produite est le point le plus important dans une pompe à incendie à vapeur, puisque la meilleure chance d'un incendie est de l'attaquer au début.

2° Les pompes ont une double action dans leurs fonctions d'aspiration et de refoulement, et sont construites de manière à employer l'eau impure ou graveleuse sans inconvénient. Les soupapes, spécialement combinées à cet effet, sont à l'épreuve de la gelée, ce qui est très nécessaire dans les pays froids. Les pistons se graissent d'eux-mêmes, point important qui n'avait pas encore été appliqué à des pompes à double action.

3° Les parties actives de la machine sont en petit nombre. L'action est transmise directement; ainsi, il n'y a pas de torsion latérale. Les machines agissent à n'importe quelle vitesse, parce qu'elles n'ont pas de centres neutres, et qu'elles ont peu d'oscillation et de vibration; elles opèrent tout le travail à une vitesse et à une pression moindres que toute autre pompe à incendie à vapeur, parce que les pistons frappent à grands coups et que la capacité cubique des cylindres est considérable.

4° La disposition du châssis, pivotant sur le train de devant, permet aux machines de courir sur les plus mauvaises routes sans danger, et leurs parties actives se maintiennent toujours en parfait état sous un climat tropical ou autre.

Ces pompes, pourvues d'eau froide, produisent de la vapeur à une pression suffisante en 8 ou 9 minutes, à partir du moment où l'on allume le feu. *La vapeur se produit en courant à un incendie.* Les chaudières sont d'acier et de fer de « Low-Moor » avec des tubes homogènes et des tubes de cuivre; elles sont munies de soupapes de sûreté, d'injecteurs Giffard, de pompes d'alimentation, manomètres, etc. Les châssis sont en acier et les pompes sont en bronze; les soupapes faciles à approcher sont garnies de bronze à l'arrière, avec de larges ouvertures, sans obstruction, de manière à livrer un libre passage à l'eau; elles sont placées de telle sorte, qu'il ne reste pas d'eau dans leurs boîtes, quand elles sont au repos, ce qui les met à l'abri de la gelée.

Ces pompes sont très bonnes pour une course rapide, étant simples et faciles à manier, très fortes dans toutes leurs parties. Elles sont montées sur de grandes roues et sur des ressorts en acier; elles ont le train de devant en fer forgé et sont pourvues de boîtes pour transporter des tuyaux, des outils, des siéges pour les pompiers, des réservoirs pour le charbon, pour l'eau, etc.

Dans les essais qui ont été faits par le jury, dans l'enceinte du parc, cette pompe à laquelle le constructeur a donné le nom de l'*Empereur*, aspira l'eau dans le lac au-dessus duquel était construit le phare métallique exposé, à une profondeur de 4 mètres avec un tuyau de 10 mètres de long, et la lança avec un tuyau de refoulement de 12 mètres et de 0m,045 de diamètre, en un jet compact, jusqu'à la hauteur de la galerie de ce phare. Le vent était assez fort, mais de temps en temps il permit à ce jet de dépasser d'environ 1 mètre le sommet de la lanterne, ce qui représente une hauteur totale de 65 mètres au-dessus du niveau de l'eau.

Cette machine fonctionna toute la journée, remplaçant de temps en temps son grand jet par quatre autres jets de 25 millimètres chacun, mais conservant toujours sa puissance et sa régularité ; on assure qu'elle peut alimenter jusqu'à 12 jets à la fois, permettant d'attaquer ainsi un incendie sur divers points.

Ce modèle a été adopté par l'amirauté anglaise qui en a fait placer dans les dockyards de Woolwich, Portsmouth, Chatam, Plymouth et Deptford.

Le prix du plus fort modèle de ces pompes pouvant pomper 1,000 gallons (4,543 litres) par minute, est de 25,000 francs ; un modèle plus petit, d'une puissance d'aspiration et de refoulement de 2,270 litres par minute, coûte de 16 à 17,000 francs.

Comme accessoire du matériel des pompes, nous ne saurions omettre de parler de l'appareil Galibert, pour respirer dans la fumée la plus intense. Cet appareil consiste en un réservoir à air, à parois flexibles d'un poids presque nul, 1 kilog. environ, que l'opérateur porte sur son dos. L'air que l'on a insufflé dans ce réservoir par un procédé aussi simple qu'ingénieux et rapide, communique avec les poumons, au moyen de deux tubes aboutissant à une petite embouchure, que l'on met dans la bouche où on la tient fixée par une légère pression des dents.

L'air arrive ainsi à l'opérateur sans aucun effort de sa part, et est renvoyé ensuite avec facilité dans ce même réservoir. Cette disposition permet de respirer plusieurs fois le même air, pendant un temps très notable variant suivant chaque individu, de quinze à vingt-cinq et même trente minutes.

Nous avons vu plusieurs fois fonctionner cet utile appareil, et nous estimons que, non-seulement il est indispensable aux sapeurs-pompiers, mais encore à toutes les personnes qui sont exposées à des émanations asphyxiantes ou délétères. Son prix avec tous les accessoires est de 125 fr.

La carrosserie occupait une place considérable dans le palais du Champ-de-Mars et dans ses diverses annexes ; mais nous n'avons rien vu dans cette exhibition complète des véhicules de toutes les nations, rien qui fût supérieur à ce que produit la carrosserie Toulousaine, et quant aux prix, ils sont généralement beaucoup plus élevés. Nous n'avons donc pu faire, dans cette spécialité d'industrie, aucune remarque importante et qui eût quelque utilité pour nos fabricants de voitures dont l'habileté est connue au loin.

Nous en dirons autant de la sellerie et de la bourellerie, qui se confectionnent à Toulouse avec une remarquable perfection.

Dans le groupe si bien rempli qui nous occupe, figurait la belle machine *à laver et à sécher les blés* de M. Cardailhac de Toulouse. Cette machine qui a révolutionné la minoterie dans le Midi, en permettant de fabriquer des farines produisant un pain plus blanc et plus salubre, n'a pas été appréciée, croyons-nous, à sa juste valeur. La médaille de bronze qui a été accordée à l'inventeur est loin d'être à la hauteur du mérite, si hautement constaté en pratique, de cet appareil ; il est vrai de dire que M. Cardailhac avait commis la faute de ne point mettre sa machine en action, et c'est là, d'après nous, la cause du peu d'effet qu'elle semble avoir produit.

Dans les grands concours de ce genre, l'inaction des appareils est mal vue ou interprétée défavorablement ; c'est ce qu'il faut bien comprendre quand on se hasarde à y figurer. La question de dépense, qui est toujours très grande, mérite sans doute d'être prise en considération, mais l'on ne doit pas s'y arrêter quand on veut frapper l'attention en faisant valoir tous ses moyens. Quoi qu'il en soit, la machine Cardailhac n'en restera pas moins une conquête d'autant plus précieuse pour nous, que nous avons mieux pu l'apprécier dans les nombreux moulins où elle fonctionne depuis bientôt dix ans.

Vienne (Autriche), Annecy et Toulouse, sont les seules villes d'Europe dont la menuiserie et les parquets aient obtenu des récompenses à l'Exposition. MM. Maybon et Batiste, dont on connaît l'intelligence et le magnifique établissement, avaient exposé les produits de leur industrie. Le second prix leur a été décerné. C'est la fabrique de Vienne qui a obtenu le premier. Est-ce à raison de son importance? Cela doit être, car attentivement examinés par nous, les portes, les fenêtres et les parquets de cet établissement ne nous ont paru nullement supérieurs à ceux de nos habiles compatriotes. Mais quelle que soit la raison de ce classement, ce n'en est pas moins un grand honneur pour MM. Maybon et Batiste d'avoir été distingués au milieu de tant de producteurs venus de toutes les nations.

Les machines typographiques, qui ont fait faire à l'imprimerie de si remarquables progrès, se sont présentées en 1867 avec quelques perfectionnements nouveaux. En tête des fabricants de Paris, ville qui a encore le privilége à peu près exclusif de cette construction, se trouvent MM. Dutartre et Marinoni. La presse sans cordons, la presse pour belles impressions et la presse à deux couleurs, du premier, sont toujours avec les presses typographiques, dites en retiration et universelle, et la presse typolithographique de M. Marinoni, les plus belles et les meilleures machines que l'on puisse voir. Nous en dirons autant de la presse typographique mécanique de M. Alauzet, qui a pris rang parmi les meilleurs constructeurs. Une machine à imprimer en taille douce et simultanément des deux côtés, de M. Godchaux, mérite également d'être signalée.

Dans une machine dont le fonctionnement est très doux, et qui se trouvait exposée sous le nom de M. Maulde, nous avons remarqué une nouvelle disposition dans les organes du temps d'arrêt du cylindre. Ce dernier, trouvant trois dents d'arrêt au lieu d'une, est toujours maintenu exactement à la même place et avec la même rigidité. Cette disposition permet d'éviter *le papillotage et le manque de registre*, défauts qui se produisent souvent dans beaucoup de machines après quelque temps de marche. Dans cette même machine la pointure, quelle que soit sa position, a toujours le même mouvement rectiligne perpendiculaire à la table à marge, et aussi toujours la même course. Cette pointure quitte la feuille aussitôt que celle-ci est prise par les pinces du cylindre et, descendant perpendiculairement, elle *ne chasse pas la feuille*, comme dans certains systèmes, où le mouvement de pointure est circulaire et par conséquent peut parfois *déchirer* ou *déranger* la feuille. Une autre bonne disposition est celle qui consiste à faire rouler les mandrins des rouleaux toucheurs sur des coussinets de cuivre, glissant sur un plan incliné; elle permet ainsi de faire monter ou descendre les rouleaux à volonté, sans arrêter la machine ; on peut donc, quand c'est nécessaire, régler le contact des rouleaux avec le caractère et par conséquent l'encrage. Tous les frottements se font sur des coussinets en cuivre, munis de vis de réglage, servant à racheter le jeu produit par l'usure des pièces ; ce qui est important. Les prix de ces machines sont : pour le format *grand jésus*, 3,700 ; pour le format *double carré*, 4,200 ; pour le *double raisin*, 4,600 ; et pour le *double jésus*, 5,300 fr., rendues et montées à domicile dans toute la France. La première tire à l'heure 900 exemplaires à bras et 1200 à la vapeur ; la seconde 800 exemplaires à bras et 1,100 à la vapeur ; la troisième 700 exemplaires à l'heure à bras et 1,000 à la vapeur ; enfin la dernière 600 exemplaires à bras et 900 à la vapeur.

Un américain de New-York, M. Dejener-Weiler, avait exposé une machine à imprimer qui, si elle n'est pas parfaite sous bien des rapports, a du moins le mérite de la nouveauté et répond à un besoin depuis bien longtemps senti, en ce qui concerne l'exécution des ouvrages de ville. Cette machine est mise en mouvement au moyen d'une pédale, par un homme ou par un enfant. Celui-ci prend la feuille de la main gauche et la marge de la main droite, pendant qu'il peut à son aise examiner l'impression. L'appareil consiste en un marbre et une platine placés verticalement et réunis dans le bas par une charnière. Ces deux pièces principales s'écartent dans le haut en forme de V très ouvert, pour laisser mettre la forme sur le marbre et le papier sur la platine. Le mouvement de la pédale rapproche la platine et le marbre ; l'impression a lieu lorsque ces deux pièces pressent parallèlement l'une sur l'autre. L'encrage est fait par de petits rouleaux toucheurs, passant sur la forme pendant le mouvement que fait le marbre pour s'éloigner et se rapprocher de la platine. A la platine est adaptée une table ronde qui tourne constamment; les mouvements de cette table, combinés avec ceux des rouleaux toucheurs, permettent la distribution de l'encre fournie par un encrier ordinaire, disposé au sommet. Cette machine peut imprimer une demi-feuille carrée. Il n'y a pas de pointures. Les registres se font à l'anglaise et à l'américaine, en margeant une fois à droite, une fois à gauche. Indépendamment de la pédale, la machine est munie d'une poulie et d'une manivelle, ce qui indique qu'elle peut fonctionner soit à la vapeur, soit à bras. Il est douteux, toutefois, qu'un homme puisse, ainsi que l'annonce le constructeur, tirer de 1,200 à 2,000 impressions par heure. Tout au plus obtiendrait-on ce résultat avec un moteur à vapeur. Le travail de cette presse, ainsi que nous le disons plus haut, laisse beaucoup à désirer quant à la régularité; l'encrage est défectueux. Cependant, avec quelques perfections, cette machine pourrait encore rendre de grands services à l'imprimerie.

Les machines à fondre les caractères typographiques sont aujourd'hui grandement perfectionnées en France. Toutefois, il serait nécessaire d'y adjoindre, comme complément indispensable, cette ingénieuse machine à raboter les tiges des caractères, à laquelle l'Angleterre et l'Amérique doivent la grande régularité de ces derniers.

Dans cette machine, due à M. Welch, de New-York, une page de types, dont le jet seulement a été enlevé, passe lettre à lettre, mécaniquement et avec une grande rapidité, entre une série de lames qui rendent chaque tige exactement de la même force de corps.

Les machines à composer, toujours très ingénieuses, sont aussi toujours très loin d'être pratiques. L'Exposition de 1867 en possédait plusieurs spécimens très bien exécutés, mais qui ne sauraient, du moins encore, résoudre le problème de la composition mécanique.

Le nombre considérable d'outils de clicherie que l'on remarquait à l'Exposition, est l'expression d'un fait important en typographie : c'est le retour de plus en plus marqué à la stéréotypie. Il y avait de très beaux moules à fondre les clichés circulaires pour les machines à journaux, et des outils simples et ingénieux faisant le biseau de ces mêmes clichés. Un atelier complet de clichage était exposé, comprenant spécialement le fourneau, la marmite, la presse à sécher, le moule à fondre ne formant qu'un seul tout; dans cet appareil, un godet supporté par une crémaillère mobile, permet à un ouvrier de faire plus vite et plus facilement les grandes pages de journaux que par les procédés actuels, exigeant au moins deux ouvriers et un espace beaucoup plus grand.

Dans tous ces beaux outillages typographiques, si bien soignés, si intelligemment conçus, on ne reconnaît plus les grossiers instruments d'autrefois.

La galvanoplastie typographique était représentée par des clichés électrotypes de dimension extraordinaire, délicatement *granissés*, garnis et prêts à imprimer. Malgré les dimensions vraiment extraordinaires de ces clichés, on ne remarquait aucune trace de ces gondelages ni de ces soufflures si fréquents et en quelque sorte inévitables quand on verse le métal dans la coquille.

Une tendance générale que l'Exposition affirme de la manière la plus évidente, est l'emploi de l'électricité, comme force motrice appliquée à la mise en jeu des instruments de précision ou à la production de travaux délicats, d'une valeur pouvant supporter les frais qu'occasionne toujours l'utilisation d'un semblable moteur. Nous nous sommes arrêtés bien souvent devant ces intéressants appareils d'une force excessivement restreinte sans doute, mais régulière, qui exécutaient une multitude d'opérations, telles, par exemple, que la gravure sur cuivre, sur acier, sur pierre. La pile de Daniel, plus constante que celle de Bunsen, semble être préférée pour produire l'électricité. Il peut y avoir un très grand avantage, dans une foule de circonstances, à utiliser ce petit moteur si simple et tenant si peu de place.

M. Gloesner, membre de l'Académie royale des Sciences de Belgique, avait exposé une série très intéressante d'appareils destinés à appliquer les forces électriques. Le système de ce savant qui, par la publication d'une série de documents, établit qu'il est le premier qui ait eu l'idée de renverser le courant électrique dans les électro-aimants pour en faire des électromoteurs, est très ingénieux et présente certains avantages, entre autres la suppression du ressort de rappel dans les télégraphes et dans les horloges électriques ; par là, il dispense ces sortes d'appareils de tout réglage, et rend leur marche plus prompte, plus assurée et bien moins coûteuse.

Parmi les plus intéressantes applications de la photographie, se trouvait un appareil du plus grand intérêt : c'est la *planchette photographique* de M. Auguste Chevalier. Cet appareil a fait ses preuves sur le terrain, sous la direction de personnes très compétentes. Il a servi à lever le plan du Champ-de-Mars, celui de la plaine de Monceaux, du champ de courses de Longchamps, du polygone de Satory. Le plan du château de Pierrefonds a été commencé sous les yeux de l'Empereur qui, frappé du caractère de cet instrument, l'a recommandé au point de vue de ses applications aux opérations de l'artillerie. Nous regrettons que ce travail, déjà très long, ne nous permette pas de faire connaître avec détails le système sur lequel repose cet appareil, et le mode d'opérer ; disons seulement qu'il résout, on ne peut plus ingénieusement, le problème de l'application de la photographie à la topographie, sans risque d'erreur. Cet instrument est un véritable graphomètre photographique, qui enregistre automatiquement et avec la plus parfaite exactitude les angles de tous les objets qui l'entourent, angles que l'on peut ensuite mesurer sur l'image.

L'arithmomètre ou machine à calculer, de M. Thomas de Colmar, est encore parmi celles que renfermait l'Exposition, une machine que nous devons citer. L'arithmomètre est un appareil au moyen duquel les personnes les moins familiarisées avec les chiffres peuvent faire toutes les règles de l'arithmétique, de même que les hommes de science peuvent résoudre en quelques instants les problèmes les plus compliqués en s'épargnant toute fatigue dans les calculs. Avec cette machine on multiplie 8 chiffres par 8 chiffres en 18 secondes ; on divise 16 chiffres par 8 chiffres en 24 secondes, et l'extraction d'une racine carrée de 16 chiffres se fait avec la preuve, en moins d'une minute et demie.

On peut apprécier, d'après cela, les grands services qu'un pareil instrument est appelé à rendre ; car, avec son aide, une demi-heure suffit pour faire, sans aucune fatigue, le travail d'une longue journée passée sur les chiffres.

L'arithmomètre a valu à son inventeur les plus hautes récompenses honorifiques. M. Thomas de Colmar a, en effet, été nommé officier de l'ordre impérial de la Légion d'honneur pour cette découverte, sans compter les nombreuses médailles et les croix étrangères qu'elle lui a valu.

Les arithmomètres de 10 chiffres sans quotient, coûtent 150 fr.; de 12 chiffres avec quotient, 300 fr.; de 12 chiffres avec quotient et effaceur, 400 fr.; de 16 chiffres avec quotient, 400 fr.; de 16 chiffres avec quotient et effaceur, 506 fr.

Depuis quelques temps on a fait plusieurs essais de nouvelles locomotives pouvant fonctionner sur les routes et faire des transports utiles soit à l'industrie, soit à l'agriculture. L'Exposition avait plusieurs spécimens de ces machines dont la lourdeur et le volume frappent au premier abord; quelques-unes néanmoins semblent être entrées sérieusement dans la pratique. Ainsi, l'on peut citer la locomotive-routière de M. Garrett, importée par M. Pilter, qui conduit constamment, pendant la saison, deux ou trois immenses wagons chargés de betteraves et de pulpes, faisant le service de la sucrerie de M. Duffié, à Braisne, près de Soissons.

Cette locomotive se compose d'une machine à vapeur horizontale disposée sur une chaudière tubulaire montée sur un train de quatre roues. Le mouvement de rotation est communiqué aux roues motrices par l'arbre moteur au moyen d'une chaîne *Galle*, et la direction est donnée aux roues de l'avant-train par un galet placé en avant qu'un homme, assis près de la boîte à fumée, incline à volonté à l'aide d'un levier. Près de la boîte à feu se trouve un tender où se place le conducteur, et où l'on ménage une provision d'eau et de charbon.

Avec sa locomotive et ses wagons, M. Duffié fait tous les charrois de ses clients. Il transporte sur des côtes, avec des pentes de 6 à 7 centimètres par mètre et même plus, des charges de 14,000 et 20,000 kilog. à raison d'une lieue à l'heure, et cela sans encombre, sans peine, sans danger et sans endommager le moins du monde les chemins vicinaux sur lesquels il passe, dit-on, avec une aisance parfaite.

A la sucrerie de Braisne, on compte que le transport d'une tonne (1,000 kilog.) à 8 kilomètres, par exemple, est de 4 fr. Le prix de revient du transport de cette même tonne, avec la locomotive, s'établit comme suit : la machine coûte 15,000 fr., soit 15 fr. par jour de travail pour l'intérêt et l'amortissement; elle consomme pour 12 fr. 50 de charbon et occupe trois hommes payés 12 fr. à eux trois, total : 39 fr. 50. On fait aisément trois voyages de 10,000 kilog. dans une journée, soit 30,000 kilog. L'unité de 1,000 kilog. revient donc à 1 fr. 32 environ. La différence est de 80 fr. 50 en faveur de la locomotive. L'on affirme que cette locomotive a transporté, dans cinquante jours, 1,800,000 kilog. de betteraves, sur un parcours de 16 kilomètres où se trouve une côte de 2 kilomètres de longueur. Elle fait, en travail régulier, 25 chevaux de 75 kilogrammètres et peut en faire 40 par la suppression de son modérateur. La surface de chauffe est de 19 mètres, sa longueur de 7 mètres, sa largeur de $2^m,40$. Ses roues motrices ont $1^m,60$ de diamètre, et $0^m,40$ de largeur. Elle consomme de 10 à 12 kilog. de charbon par kilomètre en marchant chargée à une vitesse de 4 kilomètres à l'heure, et elle porte du charbon pour une journée, et de l'eau pour 6 à 10 kilomètres suivant le travail. Le prix de cette locomotive est, comme il a été dit plus haut, de 15,000 fr., avec accessoires; son poids est de 10,000 kilog. dont 7,000 kilog. sur l'essieu moteur.

Parmi les machines qui figuraient en si grand nombre à l'Exposition, se trouvaient une machine à *bastir* les chapeaux de feutre, et une machine à fouler ceux-ci après le *bastissage*. La première machine, dont deux analogues existent à Toulouse, fonctionnait et attirait constamment la foule qui se pressait curieuse autour d'elle. Cette opération est en effet intéressante, non pas à cause de sa nouveauté, car bien peu de chapeaux se bastissent aujourd'hui à la main, mais en raison de la succession de transformation que subit la matière première, le poil de lièvre ou de lapin.

Le poil d'une peau est d'abord *secreté*, c'est-à-dire rendu *feutrant* au moyen d'un sel de mercure; rasé ensuite au moyen d'une machine appelée *coupeuse*, il est aussitôt après *soufflé* par une autre machine de 15 à 16 mètres de longueur, nommée *souffleuse*, qui l'ouvre, sépare ses diverses qualités, et le débarrasse des impuretés qu'il pouvait contenir. Le poil soufflé est propre alors à être passé à la bastisseuse. Cette machine se compose d'une toile sans fin, sur laquelle le poil est étalé, et qui le conduit à un système de cylindres cannelés tournant en sens inverse l'un de l'autre, qui le saisissent et le délivrent à une brosse circulaire d'environ 0m, 30 de diamètre, tournant à une vitesse de plus de 2,000 tours par minute. La rapidité de ce mouvement, non-seulement ouvre le poil, mais le projette dans une sorte de buse conique dont l'orifice de sortie a la forme d'un triangle de 0m,75 de hauteur sur 0m,15 à 20 de base. En sortant de cette buse, le poil est reçu sur un cône en toile métallique tournant sur sa base à raison de 25 révolutions par minute. Ce cône repose lui-même par sa base, sur une boîte dont une partie est mobile avec lui, et dans laquelle le vide est fait, au moyen d'un ventilateur aspirateur lancé à une vitesse de 1,000 à 1,100 tours par minute. Le poil projeté sur ce cône au-dessous duquel a lieu, comme nous venons de le dire, une aspiration énergique, est appliqué avec force sur toute sa surface, par le courant d'air qui s'établit du dehors en dedans à travers les mailles de la toile métallique. Il se dépose donc sur ce cône un nombre de couches de poil égal au nombre de révolutions du cône. Quand la pesée de poil qui doit composer un chapeau est passée, on enveloppe rapidement le cône avec une toile mouillée ; on enlève le tout et on le plonge dans une bache pleine d'eau chauffée à 70 degrés environ.

Cette immersion suffit pour donner au poil, et par suite au léger tissu qu'il forme, assez de consistance pour pouvoir être manié. On l'enlève donc, et aussitôt, sur une table creuse en fer chauffée par la vapeur ou par l'eau, appelée *banc de semoussage*, des ouvrières lui font subir un premier foulage, dit *semoussage*, en termes d'atelier. Le chapeau arrivé à ce degré de fabrication est nommé *bastissage*. On peut le faire sécher si on ne pousse pas immédiatement plus loin les opérations, et l'expédier en cet état au loin pour recevoir les manipulations ultérieures. De telle sorte, qu'aujourd'hui, au lieu d'expédier du poil aux chapeliers, on leur envoie des bastissages dans les dimensions qu'ils désirent.

L'opération que nous venons de décrire s'exécutait tous les jours devant le public à l'Exposition ; mais elle était suivie d'une autre tout aussi importante, le *foulage* proprement dit.

Dans l'industrie de la chapellerie, le foulage est une manipulation, longue, pénible, coûteuse. Elle exige des efforts considérables de la part de l'ouvrier qui travaille les chapeaux avec de l'eau chauffée à près de 100°, sur le bord de chaudières appelées *foules*, desquelles s'élèvent sans cesse des buées incommodes ou malsaines. Il y avait donc un progrès à réaliser; c'était, sinon de supprimer complètement le foulage à la main, du moins de n'en laisser qu'une part bien moindre à l'ouvrier. C'est le résultat qui a été obtenu par la fouleuse mécanique, dont un spécimen fonctionnait en 1867 au concours universel. Cette machine foule une douzaine de chapeaux à la fois. Ces derniers, pour cette opération, sont enroulés autour d'un mandrin en bois dur et frottés pendant un temps assez long entre deux plateaux superposés, garnis de feutre, et constamment humectés avec de l'eau chaude. L'opération paraît s'exécuter convenablement; mais elle nous semble laisser encore à l'ouvrier, une part trop grande dans le foulage. En effet, l'ouvrier qui, auprès de la machine dont il s'agit, travaillait à la *foule*, mettait 30 à 40 minutes à terminer le foulage d'un chapeau et à le mettre en forme. Le travail produit par un ouvrier fouleur serait donc encore bien faible, et l'on n'aurait pas diminué de beaucoup le nombre de ceux que l'on était obligé d'occuper autrefois à cette opération. Disons, néanmoins, que le résultat obtenu est précieux, en ce sens qu'on a diminué de moitié au moins la fatigue des ouvriers, tout en produisant beaucoup plus. Au reste, l'idée de la fouleuse mécanique n'est pas nouvelle, et tout le monde se rappelle d'avoir vu fonctionner à l'Exposition universelle de 1855 la belle machine à fouler les chapeaux de M. Laville, qui celle-là foulait à plat. La machine de 1867 appartenait à M. Coq, d'Aix, l'inventeur.

Nous ne pousserons pas plus loin cet examen des machines que renfermait l'Exposition universelle, il nous faudrait un cadre plus vaste, et mieux vaut ici se borner que de dire trop ou trop peu.

Si l'on ne décrivait pas en effet avec détails toutes les ingénieuses conceptions mécaniques auxquelles le concours universel de 1867 a fourni l'occasion de se produire, on n'offrirait à ses lecteurs qu'une aride nomenclature,.que ce rapport n'a nullement pour objet ni pour but.

Nous ne nous dissimulons pas qu'il y aurait un très grand intérêt à connaître cette remarquable série de machines-outils, raboteuses, machines à percer radiales, plates-formes, machines à mortaiser, tours à charriots faisant des copeaux de 17 centimètres de largeur et de plusieurs mètres de longueur, tours à fileter, marteaux pilons, à vapeur ou à ressort, qu'emploie la construction des machines ou la grande industrie métallurgique; la série non moins intéressante des machines et des machines-outils à travailler le bois, parmi lesquelles figurait une petite machine à bras à faire les mortaises et les tenons, de City office 26 Walting Street, St Paul's Churchhyard, E. C. à Londres, pouvant être très utile dans un atelier et ne coûtant que 525 fr.; celle américaine non moins remarquable, propre à faire les assemblages en queue d'hironde, de M. Ch. Ball et E. Trèves, 127, boulevard Magenta à Paris, mais, nous le répétons, la place et le temps que nous pouvons raisonnablement consacrer à ce rapport, nous manquent et nous forcent, quoique à regret, à nous restreindre.

Nous ne devons pas cependant quitter le groupe VI, qui comprend le matériel et procédés du génie civil, des travaux publics et de l'architecture, sans parler d'une opération intéressante et reproduite par une photographie dans la section américaine.

Cette photographie représente l'hôtel Briggs, à Chicago III, placé sur des échaffaudages en bois et sur ses verrins, pendant qu'on travaille à l'élever tout entier et d'un seul bloc, à une hauteur de 4 pieds 2 pouces (1m, 25 environ au-dessus de ses fondations premières.) Cette immense maçonnerie, de 60 mètres de longueur sur 24 mètres de largeur, haute de cinq étages, pesant environ 22,000 tonnes ou 2 millions 200 mille quintaux métriques, a nécessité pour son exhaussement 600,000 pieds cubes de bois (20,000 mètres cubes), 1,450 verrins, et une masse énorme de bordages.

Cette gigantesque opération a été préparée et accomplie en vingt-sept jours de travail, sans que l'hôtel ait cessé de recevoir des voyageurs, de vaquer à ses occupations ordinaires et sans le moindre dommage pour la construction. L'architecte directeur des travaux est M. Van Osdel; les propriétaires, MM. Tucket et

Cie; enfin les entrepreneurs MM. Hollini Sworth et Couchlin. Les Américains seuls au monde sont capables d'un pareil tour de force.

GROUPE VII.

Le département de la Haute-Garonne était représenté dans ce groupe par sept exposants qui avaient envoyé, savoir :

MM. Chipoulet et Arnaud, de Toulouse, des pâtes alimentaires, qui ont valu à ce fabricant une médaille d'argent;

M. Tivollier, de Toulouse, des foies de canard, et qui a reçu lui aussi une médaille d'argent;

M. Albrighi, de Toulouse, pour des foies de canard; M. Saint-Martin, de Villefranche, pour les mêmes produits; M. Seube, pour ses chocolats de Toulouse et Luchon, qui ont obtenu chacun une médaille de bronze;

Enfin MM. Bernardbeig et Sirben, de Toulouse, avaient exposé du pain de gluten, qui a obtenu une mention honorable.

Le commerce des pâtes alimentaires et les consommateurs ont depuis longtemps su apprécier la supériorité des produits de MM. Chipoulet et Arnaud; l'honorable distinction que ces fabricants ont obtenue à l'Exposition universelle n'a été que l'éclatante et juste confirmation de leur mérite, déjà reconnu et récompensé par le jury de l'exposition de Toulouse.

L'industrie des pâtes alimentaires est, à Toulouse, très importante; elle crée pour plus d'un million de produits. Nous devons donc nous féliciter du rang nouveau où l'a placée le jury international de 1867.

Nous en pouvons dire autant des pâtés de foies de canard de M. Tivollier, dont la réputation s'étend au loin, et qui recueille chaque jour davantage le fruit des soins qu'il ne cesse de donner à la préparation de ce genre de conserve alimentaire.

Marchant sur les traces de notre habile compatriote, MM. Albrighi et Saint-Martin ont compris ce qu'il y avait d'avantageux pour notre département, si favorablement placé, et pour eux dans l'exploitaiion de cette branche de l'alimentation publique. Le jury international a récompensé leurs premiers efforts, et c'était justice.

M. Seube a obtenu la seconde récompense accordée à la fabrication du chocolat ; il eût eu certainement la première, s'il eût fait connaître plus tôt la supériorité de ses procédés et l'ancienneté de sa maison, établie dans le département depuis plus d'un demi siècle. Les véritables amateurs de chocolat, soit en France soit à l'étranger, où M. Seube compte de nombreux clients, savent que c'est en observant les règles fondamentales qui doivent présider à la fabrication de ce produit alimentaire, que cet industriel a conservé à celui qu'il livre aux consommateurs la juste réputation dont il jouit ; le cacao, le sucre aromatisé ou non, tels sont les seuls éléments des chocolats de M. Seube. Du cacao caraque, toujours de première qualité, du sucre en pain le plus blanc et le plus pur, traités par des procédés qui sont propres à ce fabricant et conservent au cacao tout son arôme et son principe nutritif le plus précieux, telles sont les conditions toujours observées avec une rigoureuse sévérité dans cette usine, et qui lui ont fait ses succès. Il n'est personne qui ne sache apprécier les avantages qui résultent de ces garanties, au point de vue d'une bonne alimentation, quand on voit circuler dans le commerce tant de produits falsifiés et qui n'ont souvent du chocolat que le nom.

On connaît l'utilité du pain de gluten pour certaine alimentation spéciale, et la vogue dont il jouit ; aussi, regrettons-nous qu'un seul fabricant de Toulouse ait songé à envoyer ses produits en ce genre à l'Exposition, et que nous ayons eu à constater l'absence des excellentes biscottes au gluten de M. Laporte (1), neveu de M. Durand, l'initiateur de la fabrication à Toulouse du pain de gluten et de l'amidon par lavage.

La classe 71 comprenait les fruits et légumes conservés, industrie considérable, si l'on en juge par le nombre des exposants et la variété infinie des produits exposés. Toulouse n'avait rien envoyé, et cependant notre ville est admirablement placée pour exploiter avec succès la préparation des conserves alimentaires

(1) Nous devons à l'honneur de notre cité de proclamer que M. Laporte est le premier et le seul, qui, par une préparation particulière et des procédés qui lui sont propres, protégés d'ailleurs par un brevet, ait fait du gluten, naturellement coriace et d'une mastication difficile, un aliment exempt de ce grave défaut, partant d'une assimilation facile pour les estomacs les plus délicats, qualités qui ont développé au plus haut point la consommation intérieure de ce produit et donné lieu à d'importantes exportations à l'étranger.

de toute sorte. Rappelons que des essais heureux ont été tentés dans cette branche intéressante de la production générale, et qu'ils ont parfaitement réussi, grâce à l'habileté et aux soins délicats qui avaient été et qui sont encore apportés dans la préparation des produits de ce genre à Toulouse. Nous sommes convaincu que les excellentes conserves de Mme Bernadad eussent attiré l'attention du Jury international, et valu à notre cité un honneur de plus, en même temps qu'un fécond encouragement, si elles eussent figuré à l'Exposition de Paris.

GROUPE X.

L'idée de présenter aux visiteurs de l'Exposition, à côté des produits industriels, les éléments propres à faire connaître la situation des classes laborieuses, les progrès de l'enseignement populaire chez toutes les nations, et les améliorations nouvelles à y apporter, a été une idée heureuse et féconde.

Le groupe X, qui offrait la réunion de quelques-unes des méthodes d'enseignement primaire et d'enseignement professionnel, vers lesquelles semblent, plus que jamais aujourd'hui, se diriger notre constitution sociale moderne et les exigences de l'industrie, présentait un grand intérêt, soit au point de vue moral, soit au point de vue de la production industrielle.

Depuis surtout que les traités de commerce conclus sous l'inspiration de l'Empereur, entre la France et plusieurs nations étrangères, ont ouvert un vaste champ de concurrence où les produits étrangers viennent lutter avec les produits nationaux, il est devenu nécessaire pour les enfants des classes laborieuses et pour tous ceux qui se destinent à l'industrie, que l'enseignement soit rendu aussi technique que possible. Pour atteindre ce but, il faudrait tout d'abord développer l'enseignement primaire, qui ne semble plus au niveau des besoins même les plus indispensables, en y introduisant des notions de sciences physiques et naturelles; établir sur une plus large base les écoles d'agriculture et d'arts et métiers; multiplier les chaires destinées à l'enseignement des adultes, non pas par une immixtion directe de l'Etat, mais par un patronage et des encouragements bien entendus; fonder dans les grands centres d'industrie et de commerce, en y conviant les municipalités, les associations, les individus, des écoles spéciales appropriées aux besoins de chaque localité importante, un enseignement enfin dont le plus grand mérite serait de s'assouplir à tous les besoins par la variété même, et de pourvoir à tous les intérêts. Les écoles qui, dans beaucoup d'usines, de grands ateliers, ont été créées, méritent à ce point de vue d'être encouragées. Il en est de même de tout ce qui peut contribuer à donner à l'ouvrier un enseignement qui, en élevant son intelligence et en multipliant ses moyens d'action, se résout, en définitive, en un supplément de salaire.

En voyant dans la classe 90 les méthodes de dessin et les travaux d'élèves des frères des écoles chrétiennes récompensés d'une médaille d'or, on se rappelait que, dès son origine, les écoles industrielles furent l'objet de la constante sollicitude de cet Institut.

En 1709, en effet, son vénérable fondateur, J.-B. de La Salle, ouvrait, dans l'établissement de la paroisse Saint-Sulpice dirigé par les premiers frères, une école dominicale en faveur des jeunes ouvriers ; elle fut suivie par deux cents jeunes gens. Le programme de l'enseignement était le même que dans les écoles d'adultes d'aujourd'hui, y compris la géométrie et le dessin. De 1813 à 1815, alors que ces écoles étaient peu nombreuses, le frère Philippe, aujourd'hui supérieur général, s'appliquait dans l'école d'Auray (Morbihan) à préparer les jeunes gens pour les chantiers de construction et pour le cabotage; à cet effet, il leur enseignait les éléments de la géométrie et quelques autres sciences relatives à leur profession; il composa même spécialement pour ces élèves quelques opuscules destinés à faciliter leurs études. Plus tard, vers 1830, des écoles d'adultes furent ouvertes à l'établissement du Marché St-Martin. C'est à cette occasion que le frère Philippe composa un abrégé de géométrie pratique appliquée au dessin linéaire; ce traité contenait aussi quelques notions d'architecture, c'était un commencement de progrès, une tendance vers le mieux.

Les frères avaient d'abord commencé l'enseignement du dessin par le dessin linéaire; mais pour un grand nombre d'ouvriers de la capitale la fabrication des articles dits de Paris exigeait quelques connaissances du dessin d'ornement et de figure, ce qui les détermina à partager le dessin en deux classes, une pour chacun des deux genres. Le frère Baudime fut chargé de la classe de dessin linéaire. Dans cette classe, on s'était contenté précédemment de donner quelques principes pour le tracé et l'élévation des cinq ordres d'architecture et d'expliquer quelques théorèmes de Legendre. L'expérience apprit bientôt que cet enseignement ne répondait pas aux besoins industriels des ouvriers qui suivaient ces leçons. En effet, le mécanicien demandait du dessin de mécanique, le menuisier des modèles de menuiserie.

Pour répondre à ce besoin, le frère Baudime introduisit dans sa classe, après en avoir fait une étude sérieuse, le choix des modèles de M. Leblanc, pour la mécanique, le traité de menuiserie, par Coulon, de charpente, par Leroy, de serrurerie, par Petit, d'ébénisterie, par Janselme, et de coupe de pierre, par Simonin. C'est ainsi que la maison du Marché Saint-Martin put réunir un certain nombre d'élèves qui y acquirent des connaissances utiles, ce qui engagea un bon nombre de leurs camarades à venir prendre part à cet enseignement.

Dans la suite, quelques-uns de ces élèves demandèrent à exécuter en nature les objets dont ils avaient dessiné les épures, cela leur fut accordé, et un modeste outillage permit bientôt aux élèves d'élite de s'exercer aux travaux d'atelier. Cet enseignement pratique n'était pas sans difficulté, car le frère professeur n'était, ni mécanicien, ni tailleur de pierre, ni charpentier. Mais fort heureusement, il se trouvait dans l'école d'adultes venant pour d'autres cours, d'habiles praticiens dans ces diverses professions, leur concours fut assuré pour deux soirées par semaine; et plusieurs des élèves confectionnèrent de petits ouvrages qui servirent tout à la fois de sujets d'émulation pour leurs camarades, et de modèles pour apprendre à dessiner d'après nature. Ces essais ont continué jusqu'à ce jour, sur l'échelle modeste où ils commencèrent.

Cet enseignement a été aidé par divers ouvrages édités par les frères, parmi lesquels on remarque : la géométrie du frère Philippe, en 1831; le même ouvrage revu sous sa direction, en

1858; le cours d'ornement du frère Arcadius, en 1845; le cours d'ornement du frère Mance, en 1846; le vignoble du frère Fructule, en 1847; le cours de géométrie pratique du frère Rossore, en 1850; le cours de dessin linéaire du frère Arcadius, en 1854, et enfin des modèles de dessin linéaire et de lavis par le même. Mais tous ces ouvrages n'étaient pas assez élémentaires pour être généralisés dans les écoles d'enfants, dont le plus grand nombre aurait néanmoins besoin du dessin; pour obvier à cet inconvénient, les frères ont composé en 1860 une série de cahiers propres à populariser l'enseignement du dessin d'ornement dans toutes les classes, depuis les modestes écoles de campagne jusques aux grandes écoles des villes.

La méthode adoptée pour cet enseignement tout élémentaire consiste en un choix de modèles pris à bonne source, sous le double point de vue du goût et du style; chaque étude, chaque fragment porte son nom propre et celui du genre de style auquel il appartient. C'est ainsi qu'après avoir parcouru la série des cahiers, l'élève peut aisément distinguer les ornements appartenant aux styles grec, romain, byzantin, gothique, de la renaissance, etc., etc., et peut même se trouver en état de composer quelque ornement facile dans chacun de ces genres.

Cette méthode est suivie dans la généralité des écoles des frères.

L'étude des plâtres et le modelage suivent naturellement ces premiers exercices; mais le peu de temps que les élèves (enfants) ont à consacrer au dessin ne permet de réserver cette étude qu'aux élèves qui fréquentent les classes du soir, apprentis ou ouvriers.

A l'étude de l'ornement, a été jointe celle du dessin linéaire, comme étant d'un besoin beaucoup plus général pour la classe ouvrière. La méthode qui a été adoptée pour cette étude consiste en une série de grandes feuilles de $1^{m},25$ sur $0^{m},95$, renfermant des modèles de menuiserie, ébénisterie, charpente, architecture et mécanique; les élèves ont par devers eux les *croquis côtés* de ces grandes feuilles afin de pouvoir reproduire les dessins sur leurs cahiers, à une échelle convenue. Ce système permet de faire travailler à un même sujet, et d'après l'explication qu'en donne le maître, cinquante, soixante, et même cent élèves à la fois.

Pour faciliter au maître l'enseignement du dessin linéaire, et afin que les élèves possèdent mieux l'intelligence du modèle qu'ils reproduisent, à l'appui du dessin ont été tracés sur les grandes feuilles, ces mêmes modèles en nature, les uns en bois, d'autres en plâtre et en fonte; ils sont coupés par des plans horizontaux ou verticaux qui laissent apercevoir les détails nécessaires à l'intelligence du dessin.

A ces modèles s'en ajoutent d'autres exclusivement destinés à être placés entre les mains des élèves, pour qu'ils en fassent eux-mêmes les croquis et qu'ils les reproduisent sous leurs différentes élévations et leurs différentes coupes. C'est par ce moyen qu'il a été possible aux frères de faire comprendre les projections à de jeunes élèves de dix à treize ans. Ajoutons que, de temps à autre, les élèves sont conduits dans les usines, dans les ateliers, où ils relèvent des croquis des machines ou des outils qu'ils ont vus.

A Issy, les enfants apprennent le jardinage, et à Igny et à Clermont-Ferrand, l'horticulture; il existe à Beauvais, un établissement agricole à l'état d'essai. On comprend l'importance d'un tel enseignement, en présence de la dépopulation toujours croissante des campagnes.

Ces détails, empruntés à la remarquable enquête faite devant S. Exc. le Ministre de l'Agriculture, du Commerce et des Travaux publics par la Commission de l'enseignement professionnel, donnent la mesure de l'importance de ces enseignements, et la part qu'ont eue déjà les Frères des écoles chrétiennes dans sa propagation en ce qu'il a de plus élémentaire, de plus accessible à l'intelligence des ouvriers, et de plus utile à leur position.

N'oublions pas de dire que l'Ecole des arts, de Toulouse, est au premier rang parmi celles qui prodiguent gratuitement à l'enfance les meilleurs principes des sciences et des arts, utiles à leurs diverses professions. Un choix plus varié et plus complet de bons modèles pour le dessin industriel qui est proposé et est absolument nécessaire, élèvera certainement le niveau de cette partie des études, si utile à une classe d'élèves auxquels leur position ne permet pas de les prolonger.

La richesse de quelques écoles françaises et étrangères en modèles de toute sorte nous a frappé, et les dessins qu'ils ont permis d'exposer, nous ont convaincu que sans modèles les meilleurs maîtres sont impuissants à former de bons élèves, des élèves aptes à entrer, de bonne heure, dans un établissement industriel où la connaissance du dessin graphique est indispensable. Cette influence des bons modèles sur les travaux exécutés par les enfants est telle, que l'abondance, la variété et le choix de ces modèles, classaient, en quelque sorte, à l'Exposition universelle, la supériorité relative des dessins exposés. L'Allemagne avait, sous ce rapport, un avantage marqué sur toutes les autres nations. Les écoles ouvrières de perfectionnement du Wurtemberg avaient exposé des méthodes et des modèles de dessin et des travaux d'élèves on ne peut plus remarquables; ceux de l'école de tissage de Brünn, et de l'école de dessin du Musée impérial-Royal Autrichien, de la Société industrielle de Darmstadt, de la Chambre de commerce de Vienne, pour ses cours techniques du soir, réunissaient tout ce qu'il est possible de désirer, pour faire parcourir avec succès aux enfants tous les degrés de l'instruction professionnelle. Ici surtout, les instruments, les modèles, exposés pour l'enseignement de la géométrie, de la géométrie descriptive, des sciences physiques, de la mécanique et de l'art de la construction, prouvent, de la part des maîtres exposants, une haute intelligence de l'éducation, et de sérieuses études sur la matière. Nous avons remarqué, entr'autres, un appareil très simple et très ingénieux pour l'explication et la démonstration de la théorie des ombres et de la perspective. C'est une sorte de cadran solaire, sur lequel des lignes sont projetées et reproduisent d'une façon méthodique, la forme du solide qui sert à la démonstration. Avec ce système l'esprit de l'élève n'est plus embarrassé par des formules abstraites qui ne disent rien à son imagination; il voit, les sens sont saisis, il comprend. Il suffit de placer l'appareil dans les conditions voulues de lumière, pour qu'il voie le fait prouver la théorie. La science enseignée ainsi n'est plus une étude : c'est un jeu.

On s'arrêtait avec un vif intérêt devant les spécimens des procédés employés, tant en Saxe que dans le reste de l'Allemagne, pour l'enseignement des écoles communales ou urbaines. On remarquait tout d'abord les *dés*, *dominos*, *cadrans de montres*, *tables de fractions et corps géométriques simples*, introduits par M. Glootz à l'école de Dresde, et qui servent à donner aux élèves, presque en se jouant, des idées claires sur les nombres, les fractions, les formes, les corps, sur l'arithmétique et la géométrie élémentaire; puis, les cartes géographiques de MM. Vogel et Delitsch, et l'appareil complet de physique, à l'usage des écoles primaires, accompagné d'instructions sur la manière de s'en servir. Cet appareil, qui hors de la Saxe ne coûte que 7 thalers ou 26 francs, démontre avec quels frais minimes, frais accessibles aux écoles primaires les plus pauvres, on peut enseigner aux fils d'ouvriers la physique, cette science qui peut leur être de tant d'utilité pour la production. L'Allemagne est, sous ce rapport, dans la véritable voie du progrès.

L'école d'Art de South-Kensington, en Angleterre, avait des méthodes et des modèles de dessin. On peut critiquer le choix de ces modèles; le goût dans les dessins artistiques n'en est pas toujours pur; plusieurs sont une contrefaçon médiocre de l'art grec. Mais, en revanche, l'installation matérielle de cette école est splendide, et fait ressortir l'état misérable dans lequel végètent un grand nombre de nos écoles.

Ce même groupe dont nous nous occupons contenait l'exposition des bibliothèques populaires, les livres de vulgarisation de la science. Parmi ceux-ci, nous avons vu figurer avec intérêt diverses publications technologiques exposées par M. Belleville, de Toulouse, auquel le Jury international a décerné une mention honorable.

Nous terminerons ce travail par un examen rapide de la question relative aux maisons ouvrières. Parmi les problèmes sociaux posés depuis vingt ans, celui des habitations à bon marché est devenu l'objet d'études sérieuses. Il est un fait indiscutable, c'est qu'il s'est produit depuis ce temps, dans les grandes villes surtout, une rupture d'équilibre, dans les conditions ordinaires de la vie. Les frais de nourriture et de logement ont suivi une marche ascendante, tandis que les salaires et les appointements ne se sont pas toujours accrus dans les mêmes proportions. Ces conditions anormales atteignent principalement l'ouvrier, l'employé et le petit rentier : trois classes qui composent, sinon la majeure partie, du moins une partie considérable et indispensable des grandes villes. S'il est de règle économique de ne pas consacrer à son logement plus du dixième de son revenu, on peut dire que cette proportion n'existe presque plus entre le revenu et le prix des logements.

La cause principale, c'est le renchérissement de toutes choses, amené par l'extension du bien-être, par la participation récente de tous à des conditions meilleures d'alimentation, de vêtement, d'habitation, etc.

La persistance de ces causes ne semblant pas devoir cesser, le problème des habitations à bon marché s'est posé de lui-même.

L'initiative des premiers essais est due à S. M. l'Empereur, qui, en 1849, sous la présidence de la République, fit ériger, rue Rochechouart, dans un but philanthropique et sous sa direction, une cité ouvrière, dont un spécimen à peu près analogue était élevé dans l'avenue de La Bourdonnaye. Des constructions du même genre ont acquis en France une certaine célébrité ; notamment le groupe de quatre maisons ouvrières exposées par M. Dolfus, maire de Mulhouse, celles de la *Réunion d'ouvriers de Paris*, *de la Société coopérative immobilière de Paris*, de la Compagnie des mines de Blanzy (Saône-et-Loire),

La maison élevée par la *Réunion d'ouvriers de Paris*, subventionnée par S. M. l'Empereur, a deux étages et deux logements par étage composés de trois pièces, une cuisine et un cabinet inodore. Ce modèle nous semble être le seul qui remplisse parfaitement le programme.

La construction mesure 13m,83 de longueur de façade, contient les caves, un rez-de-chaussée et deux étages dont l'un très peu mansardé ; elle est en maçonnerie ordinaire avec parements de brique sur la façade ; les cinq fenêtres de chaque étage sont entourées d'un encadrement de pierre de taille qui se marie fort agréablement avec la brique.

Le rez-de-chaussée contient l'escalier au milieu, et une boutique de chaque côté : puis une pièce et une cuisine derrière chaque boutique.

Les deux étages sont également distribués et contiennent chacun deux logements : chaque logement présente une salle à manger de $2^m,35 \times 3^m,54 = 8^m,32$, une chambre à coucher de $3^m,54 \times 3^m,20 = 11^m,33$, une autre chambre à coucher de $3^m,61 \times 3^m,20 = 11^m,55$, une cuisine de $2^m,38 \times 1^m,25 = 2^m,98$ et des closets ; la cage de l'escalier a $1^m,90$ sur $3^m,54$. Chaque logement a deux fenêtres sur la façade et deux et demie sur la cour.

La surface totale de la maison étant de $92^m,23$, soit de $86^m,50$, en retranchant la cage de l'escalier, il reste une surface de $43^m,25$ pour chacun des logements complets : c'est, peut-être, un peu petit, mais parfaitement distribué et très bien éclairé.

Une telle maison sur le terrain revient à 20,000 fr., soit $\frac{20,000}{92,22} =$ 214 fr. par mètre carré de surface couverte et 53 fr. 50 c. par mètre carré de chacun des quatre étages, y compris les caves. Construite sur un terrain à 50 fr. le mètre, elle reviendrait, tout compris, à 25,000 fr. et pourrait être louée à raison de 400 fr. pour chacune des deux boutiques du rez-de-chaussée et de 200 fr. pour chacun des logements des deux étages, ce qui produirait un revenu de 1,600 fr., soit 6 fr. 40 p. 100, tandis que l'intérêt du capital engagé n'est que de 1,450 fr.

Cette construction constitue une véritable maison à loyer économique. C'est la réalisation du désidératum poursuivi pour les grandes villes par les économistes et par les constructeurs. On doit dire cependant que le prix de 20,000 fr., accusé pour sa construction, est très réduit ; car il est bien difficile de descendre au prix de 53 fr. 50 par mètre carré d'étage. Quoi qu'il en soit, les ouvriers de Paris qui ont construit cette maison ayant réalisé ce chiffre, on doit l'accepter comme un type, dont il est vivement à souhaiter que tous les constructeurs et architectes cherchent à se rapprocher, car il inaugure l'ère des logements qui réunissent à la fois le confortable et le bon marché. Au reste, la maison exposée n'a que deux étages, mais rien n'empêche de lui en donner cinq ou six.

Généralement l'idéal de l'homme, en fait d'habitation, est de posséder sa maison non pas éloignée, mais séparée des autres. Mais cet idéal ne peut être réalisé que loin des villes, à la campagne, partout où le terrain se vend à bas prix et permet d'entourer la maison d'un jardin. Ce type a été réalisé pour les ouvriers à Mulhouse, à Blanzy, au Creusot, à Beaucourt (Haut-Rhin), et une société coopérative cherche à le réaliser à Paris. Dans les grandes villes, le terrain est trop rare et trop cher pour que chaque habitant puisse posséder sa maison isolée. D'ailleurs le jardin devient impossible, et une maison isolée sans jardin n'a plus d'avantage sur la maison à loyer. Ainsi donc, la maison *économique isolée* en dehors des grandes villes, la maison *économique à loyer* dans les grandes villes, telles sont les deux solutions pratiques et raisonnables de la question.

Parmi les spécimens du premier type exposé, nous avons remarqué la maison ouvrière de MM. Japy frères et Ce. Cette maison paraît parfaitement appropriée à sa destination. La Société Japy frères, bien connue pour ses produits d'horlogerie, de quincaillerie, de chaudronnerie etc., occupe à Beaucourt (Haut-Rhin) de nombreux ouvriers, dont la plupart travaillent chez eux. MM. Japy ont construit pour eux jusqu'à présent 85 maisons entourées d'un petit jardin ; chaque maison est habitée par un seul ménage, et contient au rez-de-chaussée une cuisine de $3^m,10 \times 2^m,70 = 8^m,37$; une salle à manger de $3^m,70 \times 3^m,35 = 12^m,40$; une chambre de travail de $3^m,95 \times 2^m,70 = 10^m,67$ pour l'ouvrier, et une chambre à coucher à un lit. L'étage mansardé contient deux pièces dont l'une, la plus grande, mesure $6^m,10 \times 3^m,95 = 44^m,10$, et comporte quatre lits, et l'autre mesure $3^m,60 \times 2^m,25 = 8^m,10$, et contient deux lits seulement. Ces deux pièces sont séparées par un couloir de $0^m,80$, au bout duquel se trouvent les closets. Le rez-de-chaussée a $2^m,50$ de haut, la mansarde a $2^m,10$. Une cave de $1^m,80$ de haut complète le tout. Ces maisons ont $7^m,90$ de long hors d'œuvre et $6^m,90$ de large, soit $54^m,50$. Le terrain tout entier, compris maison et jardin, mesure 22^m sur 15^m, soit 330^m carrés. MM. Japy vendent ces maisons à leurs ouvriers au prix de 2,000 fr., payables en onze années, moyennant une redevance mensuelle de 20 fr. 10 c., ce qui fait ressortir le prix de la propriété à 36 fr. 70 par mètre carré de la maison ou à 6 fr. 06 par mètre carré de terrain.

La maison Japy paraît parfaitement comprise au point de vue des usages, des habitudes, des mœurs des ouvriers qui doivent l'habiter ; sous ce rapport, elle peut être proposée comme modèle à tous ceux qui étudient le problème des habitations à bon marché.

La Société du Creusot construit pour ses ouvriers des maisons à un seul et à quatre logements, à un étage.

Les maisons à rez-de-chaussée, avec un jardin de 160 mètres carrés par logement, sont vendues moyennant 2,650 fr. Le logement payable 300 fr. comptant et le reste par à comptes mensuels. En payant 20 fr. par mois, on solde le prix de la maison en quatorze ans.

Les maisons à quatre logements à un étage, comprenant un jardin de 180 mètres carrés par logement, se vendent au prix de 3,300 fr. par logement. Les conditions de paiement sont de payer 300 fr. comptant et de parfaire le surplus en quinze ans par termes mensuels. En payant 25 fr. par mois, un ouvrier arrive à payer en quatorze ans le prix de son logement et les intérêts à 5 p. 100. Le prix de 3,300 fr. fait ressortir à 81 fr. 50 le prix du mètre carré de surface couverte et à 15 fr. le prix du mètre carré du terrain tout entier.

Ces maisons ont eu beaucoup de succès à Mulhouse, tant au point de vue financier qu'au point de vue du bien-être des ouvriers. De 1853 à 1866, la Société des maisons ouvrières de Mulhouse en a construit 800, sur lesquelles 700 ont été vendues jusqu'au 31 mars 1867 ; elle est arrivée à en vendre une soixantaine par an.

Nous ne poussons pas plus loin cet examen ; les détails que nous donnons nous paraissant suffire à l'intelligence de la question dont il s'agit.

TABLE DES MATIÈRES.

TABLE ALPHABÉTIQUE.

Toulouse. — Typographie Bonnal et Gibrac, rue Saint-Rome, 44.

www.ingramcontent.com/pod-product-compliance
Ingram Content Group UK Ltd.
Pitfield, Milton Keynes, MK11 3LW, UK
UKHW012036240726
13965UKWH00003B/831